W0073311

Inhalt

Für Ben

I.
Performatives
Realitätsfernsehen

Dies ist ein Essay über veränderte Wirklichkeiten des gegenwärtigen Fernsehens und damit über Veränderungen der gegenwärtigen Wirklichkeit selbst. Jedoch werde ich nicht sagen, diese beiden Veränderungen – der Wirklichkeit des Fernsehens und der unseres Lebens – seien ein und dasselbe. Im Gegenteil: Die neuen Verhältnisse, um die es geht, lassen sich nur begreifen und sinnvoll bewerten, wenn der Unterschied zwischen der Wirklichkeit des Fernsehens und der des alltäglichen Lebens weiterhin wahrgenommen wird. Von diesem Unterschied handelt meine Betrachtung. Am Beispiel von Unterhaltungssendungen des Fernsehens, die mit diesem Unterschied spielen und ihn manchmal zu untergraben scheinen, möchte ich erkunden, in welchem Sinn das Fernsehen Teil unserer heutigen Lebenspraxis ist.

Seit Beginn der neunziger Jahre zeigt die Fernsehunterhaltung in Deutschland ein verändertes Gesicht. Die Zuschauer werden auf neue Weise zu Akteuren. Vor allem bei den privaten Anbietern treten sie nicht länger nur als Spielpartner mit Chancen auf materielle Gewinne auf, sondern als Akteure ihres eigenen Lebens – in der Hoffnung auf ideellen und sozialen Gewinn. Vor der Kamera wird geheiratet, Geheimnisse werden offenbart, es wird um Verzeihung gebeten und Verzeihung gewährt. Das Fernsehen wird zum Anwalt einer inszenierten und gleichwohl realen Verbesserung und Überhöhung des wirklichen Lebens.

Dabei kommt es zu aufschlußreichen Asymmetrien zwischen den Zuschauern in der Rolle von Beteiligten und denen in der Rolle von bloßen Zuschauern. Geht es den einen vorwiegend um eine außeralltägliche Bestätigung ihrer alltäglichen Existenz, geht es den anderen um eine Betrachtung der ausgestellten Alltäglichkeit dieser Existenz, in ihrer Vielfältigkeit und Schrägheit, nicht zuletzt in ihrer Banalität und Peinlichkeit. Das Fernsehen macht sich zum Medium einer artifiziellen Fortführung der Normalität. Das Fernsehen unterhält seine Zuschauer mit alltäglichen Begebenheiten, denen es einen außeralltäglichen Rahmen verleiht. Durch diesen Rahmen stiftet es ein gemeinsames Interesse von Zuschauern und Beteiligten, das die Asymmetrien ihrer unterschiedlichen Rollen auch wieder überbrückt. Sie alle nehmen teil an einem öffentlichen Kult der Darbietung des privaten Lebens.

Auf diese wie auf jede andere neue Entwicklung im Fernsehen gibt es zwei immergleiche Reaktionen. Eigentlich habe sich nichts geändert: wie eh und je fungiere das Fernsehen als ein Fenster zur wirklichen Welt – sagen die einen. Jetzt sei alles ganz anders: die mediale Welt sei endgültig zur primären Welt geworden – sagen die andern. Die eine Reaktion aber, so möchte ich zeigen, ist so falsch wie die andere. Denn das neue, mit der faktischen Lebensrealität arbeitende Unterhaltungsfernsehen bringt seine eigene Wirklichkeit auf eine veränderte Weise in der Wirklichkeit seiner Zuschauer ins Spiel, ohne dabei die Differenz zwischen Fernsehrealität und primärer Lebensrealität in irgendeiner Weise zu verwischen.

Ich möchte dies nicht am Beispiel des *narrativen* Realitätsfernsehens demonstrieren, in dem der Zuschauer mit der authentischen oder nachgestellten Wiedergabe tatsächlicher Katastrophen unterhalten wird. Ich möchte über Sendeformen sprechen, die man als *performatives* Realitätsfernsehen bezeichnen könnte. Es handelt sich hier um Unterhaltungssendungen, die sich zur Bühne herausgehobener Aktionen machen, mit denen gleichwohl direkt oder konkret in die Alltagswirklichkeit der Menschen eingegriffen wird. Hier wird nicht allein Prestige oder Geld gewonnen (oder eben nicht gewonnen), was reale Lebensänderungen *zur Folge* haben kann, hier werden soziale Handlungen ausgeführt, die *als solche* bereits das alltägliche soziale Leben der Akteure verändern. Es sind die inzwischen schon kaum mehr zu überschauenden »Kennenlern-« und »Liebessendungen«, die Heirats-, Such- und bald auch Scheidungsshows, die zur Gattung des performativen »Reality-TV« gehören und die bei weitem populärste Form des Wirklichkeitsfernsehens darstellen.

An Sendungen wie »Verstehen Sie Spaß?«, »Verzeih mir«, »Traumhochzeit« oder »Nur die Liebe zählt« läßt sich dabei zeigen, daß das Fernsehen genau darin *Teil* der heutigen Alltagswirklichkeit der Menschen ist, daß es mit immer neuen Mitteln einen *Unterschied* zwischen alltäglicher und außeralltäglicher Wirklichkeit einerseits, zwischen Realität und Simulation andererseits markiert. In diesen Sendungen unterbricht das Fernsehen die Zeit des alltäglichen Lebens mit dem ausdrücklichen Ziel, die Kontinuität dieses Lebens – sei es nur für einen Augenblick, sei es auf Dauer – zu verändern.

Bevor aber nun beurteilt werden kann, ob das gelingt und wie erfreulich oder verwerflich es ist, wenn es gelingt, kommt es darauf an, möglichst genau zu sehen, wie die entsprechenden Sendungen tatsächlich verfahren und auf welche Weise sie von den Zuschauern verarbeitet werden können. Es ist ein Verhängnis vieler kulturkritischer oder zeitdiagnostischer Diskussionen über die teuflischen oder auch segensreichen Wirkungen des Fernsehgebrauchs, daß diese Ebene meist übersprungen wird. Die schnellen Urteile der Kritiker oder Propheten des Medienzeitalters kommen meist ohne eine genaue Anschauung aus; das macht ihre Urteile blind. Deswegen möchte ich zunächst dieser Anschauung einen breiten Raum geben und einige exemplarisch ausgewählte Formen des performativen Reality-TV jeweils für sich kommentieren und interpretieren. Erst am Schluß wende ich mich der Frage zu, ob diese Sendungen denn Gutes tun in ihrem Anspruch, uns damit zu unterhalten, Gutes zu tun.

Bevor aber mit der Hauptsache – der exemplarischen Analyse einzelner Shows – begonnen werden kann, ist ein eher destruktiver Schritt nötig. Wir müssen uns klarmachen, warum es sich bei den beiden Königswegen der heutigen Fernsehkritik um Sackgassen handelt. Sowohl die Diagnose, das Fernsehen sei zugleich Motor und höchster Ausdruck einer verhängnisvollen Entfernung des Menschen von dem eigentlich Wirklichen, als auch die Beteuerung, das mediale Geschehen sei heute die eigentliche Wirklichkeit, beruhen auf Glaubenssätzen, die alles andere als zwingend sind. Letztlich ist es sogar derselbe Glaube, den die Vertreter beider Lager teilen – nämlich daß wir heute wie gestern in Platons Höhle leben. Aus dieser geistigen Medienhöhle aber müssen wir heraustreten, wenn wir sehen wollen, was es mit den Medien wirklich auf sich hat.

II.
Moderne und
postmoderne Irrtümer

Zur Wirklichkeit des Fernsehens – seiner Produkte wie seines Gebrauchs – kann nur vordringen, wer sich diese Wirklichkeit nicht durch verkürzende Theorien verstellen läßt. Viele der bekanntesten Theorien über das Fernsehen und seine Folgen aber sind von dieser Art; sie sprechen dem Fernsehen eine überwältigende Kraft zu, die es unmöglich macht, seine tatsächlichen Verfahren und Wirkungen zu erkunden. Im Grunde ist es eine einzige Theorie, die den Blick auf die Fernsehpraxis versperrt; im Kontext einer modernen, im Herzen konservativen Kulturkritik entstanden, hat sie auch im postmodernen Lager beinahe unverändert Anklang gefunden, auch wenn das kulturkonservative Ambiente sich aufgelöst hat. Diese Theorie besagt, Fernsehen sei (allein oder im Bunde mit anderen elektronischen Medien) zu dem primären »Spender« von Wirklichkeit geworden. Der Unterschied zwischen der im Fernsehen dargestellten oder vorgestellten Wirklichkeit und der Lebenswirklichkeit der Menschen werde mehr und mehr hinfällig. Die Differenz zwischen Realität und medialer Realität löse sich mehr und mehr auf. Unsere Situation komme mehr und mehr derjenigen in Platons Höhlengleichnis nahe, in der die Menschen, »von Kindheit an gefesselt an Leib und Schenkeln«, die Umrisse, die ihnen im Feuerschein als Schattenbilder dargeboten werden, für die wirklichen Dinge halten.[1] Während die einen dies – im Stile Platons – als eine Verirrung der Vielen beklagen, sagen die anderen – im Stile Nietzsches – dem Glauben an eine andere oder höhere oder wahrere Wirklichkeit mit Freuden adieu. Ob man es nun beklagt oder begrüßt, daß sich die Medien unserer Wirklichkeit bemächtigt haben, fast alle um Avanciertheit konkurrierenden Medientheoretiker sind sich darin einig, *daß* es so ist – daß die Struktur des Wirklichen heute von der Macht der Medien abhängig ist. Vielleicht aber ist es die Medientheorie, die hier einer Projektion unterliegt: Sie projiziert Platons Erzählung über den Unterschied zwischen scheinbarer und wahrer Wirklichkeit (und ihrer Erkenntnis) auf eine Welt, deren Bewohner nicht länger vor der Wahl stehen, entweder dem (nunmehr digitalen) Schein oder aber einem ansichseienden Sein zu vertrauen.[2]

1. In Platons Höhle

Die erwähnte Auffassung tritt in vielen Varianten auf. Wenn ich im folgenden einige dieser Varianten nenne, so kommt es mir weniger auf die verschiedenen Spielarten als vielmehr auf die Denkfigur an, die sie alle teilen. Ich möchte lediglich einige Beispiele einer Betrachtungsweise geben, für die es ausgemacht scheint, daß die Lebenswirklichkeit heutiger Menschen von dem Modell medialer Erfahrung so beherrscht ist, daß diese nicht länger in einer Spannung – und damit einem möglichen Widerstreit – zu sonstiger Lebenserfahrung steht.

Im Kulturindustriekapitel der *Dialektik der Aufklärung* argumentiert Adorno, Radio, Film und Comics – sowie das heraufkommende Fernsehen – hätten in den USA eine determinierende Gewalt über ihre Konsumenten gewonnen, aus der es kein Entrin-

1 Platon, *Staat*, Buch VII.
2 Das Folgende stützt sich auf M. Seel, Vor dem Schein kommt das Erscheinen. Bemerkungen zu einer Ästhetik der Medien, in: *Merkur* 47/1993, S. 770-783; u. ders., Wider das ästhetische Denken, in: *Akzente* 40/1993, S. 561-573.

nen gebe. »Die Art, in der ein junges Mädchen das obligatorische date annimmt und absolviert, der Tonfall am Telephon und in der vertrautesten Situation, die Wahl der Worte im Gespräch, ja das ganze nach Ordnungsbegriffen der heruntergekommenen Tiefenpsychologie aufgeteilte Innenleben bezeugt den Versuch, sich selbst zum erfolgsadäquaten Apparat zu machen, der bis in die Triebregungen hinein dem von der Kulturindustrie präsentierten Modell entspricht.«[3] Weil das innere und äußere Leben mehr und mehr nach dem Bilde der Massenmedien gestaltet werde, gewännen diese mehr und mehr eine Definitionsmacht darüber, was überhaupt als Realität zu zählen habe. Auf derselben Linie, aber radikaler noch heißt es bei Günther Anders im medienkritischen Teil aus *Die Antiquiertheit des Menschen*, durch das Fernsehen werde »der Unterschied zwischen Sein und Schein, zwischen Wirklichkeit und Bild aufgehoben«. Wie Adorno beklagt Anders den unerhörten Erfahrungsverlust, den die Medien dem modernen Menschen zugefügt hätten: »Daß die Ereignisse [...] uns besuchen; daß der Berg zum Propheten, die Welt zum Menschen, statt er zu ihr kommt, das ist [...] die eigentlich umwälzende Leistung, die Radio und TV gebracht haben.[4] In der Konsequenz löse sich die alte Verfassung einer Wirklichkeit auf, die dem Menschen Widerstand leiste und von ihm verlange, in produktiver Erfahrung angeeignet zu werden. Das Wirkliche werde zu einer »Reproduktion seiner Reproduktionen«.[5] Das »Bildsein« erweise sich im Zeitalter der Massenmedien als »seiender« als das Sein.[6]

Für Adorno und Anders ist dies die Diagnose einer Entfremdung; sie alle argumentieren im Namen einer eigentlichen Wirklichkeit, die von der Massenkultur, allen voran dem Fernsehen,

---

3   M. Horkheimer/Th. W. Adorno, *Dialektik der Aufklärung*, Frankfurt/M. 1986, S. 176; zur Rolle des Fernsehens s. S. 170

4   G. Anders, *Die Antiquiertheit des Menschen*, München 1968, S. 110 f; vgl. *Dialektik der Aufklärung*, a. a. O., S. 174 f.

5   Anders, a. a. O., S. 188 f.

6   Ebd., S. 207.

verzerrt, verschleiert, nivelliert und abgeschafft werde. Andere Autoren übernehmen diese Beschreibung, jedoch tritt der klagende Ton in den Hintergrund oder verschwindet ganz. Es wird nicht länger eine neue Wirklichkeit mit einer alten oder besseren verglichen, ein veränderter Zustand des Wirklichen wird mit provokativer Geste konstatiert. Jean Baudrillard hat diesen neuen Stil geprägt. In seinen Spekulationen über die »Videowelt«, in der wir uns dieser Tage befänden, heißt es: »Heute ist das Subjekt weder entfremdet, noch entzweit, noch zerrissen. Da die Anderen als sexueller oder sozialer Horizont praktisch verschwunden sind, beschränkt sich der geistige Horizont des Subjekts auf den Umgang mit seinen Bildern und Bildschirmen.«[7] Zwar wird zunächst noch festgehalten, daß der hergebrachte Blick unter Menschen und der Blick auf den Bildschirm zwei ganz verschiedene Dinge seien, diese Differenz scheint aber in der Gegenwart keine Rolle mehr zu spielen: »Alle unsere Maschinen sind Bildschirme, wir selbst sind Bildschirme geworden, und das Verhältnis der Menschen zueinander ist das von Bildschirmen geworden.« Wir steuern damit nach Baudrillard auf eine »reine Form der Kommunikation« zu, »die nur die Promiskuität des Bildschirms und den elektronischen Text als Filigran des Lebens kennt, wo wir uns in einer neuen Höhle des Platon wiederfinden und nur noch die Schatten der fleischlichen Lust an uns vorüberziehen sehen. Wozu sollte man noch miteinander reden, wenn es so einfach ist, zu kommunizieren?«[8]

Im sardonischen Unterton dieser und anderer Passagen schwingt noch ein Rest der alten Entfremdungsdiagnose mit, für deren direktes Aussprechen freilich in diesem Denken keine Basis mehr besteht, da ihm – wie uns allen, wenn es recht hat – die Kenntnis einer Wirklichkeit außerhalb der Bildschirme entglitten ist. Kaum anders steht es bei Paul Virilio, wenn er schreibt: »Ein

7 J. Baudrillard, Videowelt und fraktales Subjekt, in: K. Barck et al., *Aisthesis. Wahrnehmung heute oder Perspektiven einer anderen Ästhetik*, Leipzig 1990, S. 252 ff., 252 f.
8 Ebd., 263.

Film zu werden, scheint also unser gemeinsames Schicksal zu sein.«[9] Unsere Welt gleicht einer technisch ausgereiften Version der platonischen Höhle – so recht wohl freilich fühlen sich die Verkünder dieses Zustandes in diesem neuen Zuhause noch nicht.

Auch Vilém Flusser meint, »daß wir keinen Unterschied mehr zwischen Wahrheit und Schein oder zwischen Wissenschaft und Kunst machen können«. Das beunruhigt ihn jedoch kaum, denn hiermit sei »das Abenteuer der Menschheit« nur »in eine neue Phase getreten«.[10] In gelassener Neutralität dagegen spricht Wolfgang Welsch vom »Wirklichkeitsspender Fernsehen«, vor dem unser »alter Realitätsglaube definitiv zusammenbrechen« müsse. Für ihn ist es selbstverständlich, daß soziale Wirklichkeit »primär durch Medien, insbesondere televisionäre Medien vermittelt und geprägt wird«. Wirklichkeit werde »medial zu einem Angebot, das bis in seine Substanz virtuell, manipulierbar, ästhetisch modellierbar ist«.[11] Ohne Bedenken schließlich bestätigt Norbert Bolz die kulturkritischen Bedenken, »die Bilder aus aller Welt ersetzten das Weltbild. Man könnte sagen: Das Bildsein gewinnt ontologischen Vorrang vor dem Sein. Neue Medien und Computertechnologien haben uns in diese Zone der Indifferenz von Sein und Schein, Wirklichkeit und Bild katapultiert. Die Welt der Simulakra absorbiert den Schein und liquidiert das Reale.«[12]

Die Beispiele ließen sich mehren. Sie laufen alle auf das Credo hinaus, unsere Wirklichkeit sei derart vom Fernsehen und anderen Medien geprägt, daß die Frage nach dem Verhältnis ihrer Wirklichkeit und der Lebenswirklichkeit zunehmend sinnlos werde. Da eine medienunabhängige Realität nirgends mehr aus-

9 P. Virilio, Das letzte Fahrzeug, in: Barck et al., a. a. O., S. 265 ff., 267.
10 V. Flusser, Digitaler Schein, in: F. Rötzer (Hg.), *Digitaler Schein. Ästhetik der elektronischen Medien*, Frankfurt/M. 1991, S. 147 ff, hier S. 157.
11 W. Welsch, Ästhetisierungsprozesse, in: ders. (Hg.), *Die Aktualität des Ästhetischen*, München 1993, S. 13 ff., 18 f.
12 N. Bolz, *Eine kurze Geschichte des Scheins*, München 1991, S. 104.

zumachen sei, sei unsere Lebensrealität im ganzen als eine mediale Konstruktion zu verstehen, die keine andere Wirklichkeit neben sich dulde. Die Medienhöhle sei zum Haus unseres Seins geworden. Mit dieser Diagnose beherrschen die kulturkritischen »Apokalyptiker«[13] in der Tradition Adornos oder Anders' auch dort noch die Diskussion, wo diese den apokalyptischen Ton ganz abgestreift hat.

Die Wahrheit dieser Diagnose läßt sich am besten prüfen, wenn man vier Bedeutungen der Medialität alles Wirklichen unterscheidet, die bei den meisten Autoren nicht auseinandergehalten werden. Die Medien können entweder als *theoretisches* oder als *praktisches* Modell alles Wirklichen verstanden werden. Die Wirkung der Medien kann entweder so verstanden werden, daß sie alle Lebensbereiche *beeinflußt*, oder aber so, daß ihre Form- und Verhaltensgesetze das lebensweltliche Dasein im ganzen *bestimmen*. Ich werde zunächst die ersten beiden Bedeutungen kommentieren und dann ein Beispiel heranziehen, das helfen soll, den zweiten Unterschied zu verdeutlichen.

In theoretischer, genauer erkenntnistheoretischer Bedeutung besagt die These der Medialität alles Wirklichen, das Wirkliche sei im Zeitalter der elektronischen Medien so sehr zu einem Produkt unserer technischen Erkenntnismittel geworden, daß keine äußere Realität mehr zu denken sei, an der sich diese zu bewähren hätten. Diese Bewährung sei zu einer Sache der internen Effizienz und Abstimmung geworden. Die Struktur des Wirklichen werde von der Logik ihrer mehr oder weniger effizienten medialen Verarbeitung bestimmt. Wenn aller Weltzugang derart medial geformt sei, habe der Unterschied zwischen Sein und Schein keine Basis mehr.

Diese Auffassung ist aus dem einfachen Grund unhaltbar, daß sie sich nicht konsistent vertreten läßt. Wenn nicht lediglich gesagt sein soll, daß alles Erkennen – ob mediengestützt oder nicht –

---

13 U. Eco, *Apokalyptiker und Integrierte. Zur kritischen Kritik der Massenkultur,* Frankfurt/M. 1984.

immer einen konstruktiven Zug aufweist, daß wir also Anlaß haben, die Rede von Sein und Schein, Illusion und Realität, tatsächlichem und simuliertem Geschehen usw. in einer entsprechend kritischen Weise zu verstehen; wenn über diese philosopisch eher triviale These hinaus gemeint sein sollte, die Unterschiede zwischen Sein und Schein usw. seien *tatsächlich* hinfällig geworden (und nicht lediglich eine bestimmte, beispielsweise abbildtheoretische *Deutung* dieser Unterschiede) –, so muß man zurückfragen, *ob* damit eigentlich etwas gemeint sein soll. Denn daß wir zwischen Sein und Schein unterscheiden können – ob dies ein Fernsehgerät ist oder die Attrappe eines solchen, ob diese Personen dort Simulationen sind oder verletzliche Menschen, usw. –, ist eine unumgängliche Basis aller Sprache und aller sonstigen, wie immer relativ verläßlichen Orientierung. Diejenigen also, die behaupten, diese Differenzen seien im Aussterben begriffen, bestreiten etwas, das sie selbst mit jedem Wort unverdrossen in Anspruch nehmen: etwa daß wir, die Leser, unterscheiden können, was sie tatsächlich oder nur vermeintlich gesagt haben. Ohne die Kraft dieser Unterschiede gäbe es überhaupt nichts zu sehen, zu sagen oder zu hören. Folglich kann die großspurige Rede, die Differenz von Sein und Schein und mit ihr diejenige eines Lebens innerhalb und außerhalb des Bildschirms sei im Schwinden begriffen oder sei schon verschwunden, nicht ernstgemeint sein. Wir brauchen uns daher mit der *theoretischen* Version des Gedankens, die Medien seien zum Modell des Wirklichen geworden, nicht länger zu befassen.

Interessanter ist die *praktische* Version. Ihrzufolge sind die in den Medien verbreiteten Verhaltensmuster zu einem Vorbild allen Handelns geworden, dem sich die Benutzer nicht länger entziehen können. Das Geschehen in Radio, Film und Fernsehen erscheine den heutigen Rezipienten wirklicher als die Wirklichkeit: Nur diejenigen Lebenssituationen würden als wahrhaft wirklich oder echt erfahren, in denen es zugehe wie in der künstlichen Welt der Medien. Das in den Medien und durch die Medien verbreitete Verhalten sei zu einem normativen Modell allen menschlichen Verhaltens geworden.

Auch diese Auffassung mag falsch sein, aber sie läßt sich immerhin sinnvoll vertreten; sie hängt von der Wahrheit der ersten Version in keiner Weise ab (auch wenn es bei Günther Anders und anderen so klingt, als seien das nur zwei Seiten einer Medaille). Die praktische Version des Gedankens einer Allmacht der Medien kann selbst wiederum eher deskriptiv oder eher normativ gemeint sein. Deskriptiv ist sie gemeint, wenn festgestellt wird, daß das Fernsehen heute die wesentlichen Modelle des alltäglichen (und auch politischen) Verhaltens liefere. Normativ ist sie gemeint, wenn überlegt wird, ob dies so sein sollte oder eher nicht so sein sollte. Die meisten, die diese Version vertreten – etwa Richard Sennett und Neil Postman[14] –, sind der Meinung, es solle nicht so sein, wie die deskriptive Annahme sagt, daß es ist. Es sei ein Verlust an sozialer Realität, eine Entstellung zwischenmenschlicher Beziehungen, eine ungeheure Entfremdung des Menschen von seiner primären Welt, wenn das Geschehen in den Medien als Vorbild, Steigerung oder Krönung der alltäglichen Existenz erscheine, wenn es, mit einem Wort, selbst in den Rang der primären Welt des Menschen gerate. Die Ausbreitung des Fernsehens und seiner Verwandten habe eine unabsehbare Entwertung des sozialen Lebens zur Folge.

Anders als in der theoretischen Version bedeutet dies hier nicht, daß die *Differenz* zwischen der alltäglichen Lebenswelt und der medialen Musterwelt hinfällig geworden sei. Der normative Diskurs über die Medien hätte keinen Sinn, wenn nicht von einem Fortbestehen dieser Differenz ausgegangen würde. Jedoch wird von den Medienkritikern behauptet, daß eine erhebliche Gewichtsverlagerung stattgefunden habe. Die mediale Begleitung des Alltags sei zu einer nahezu lückenhaften Präfiguration des alltäglichen Verhaltens geworden. Ob das zutrifft, möchte ich bis zum Ende meiner Betrachtungen offen lassen. Jedoch möchte

---

14 R. Sennett, *Verfall und Ende des öffentlichen Lebens. Die Tyrannei der Intimität*, Frankfurt/M. 1983; N. Postman, *Das Verschwinden der Kindheit*, Frankfurt/M. 1983 und: ders., *Wir amüsieren uns zu Tode*, Frankfurt/M. 1985.

ich ausdrücklich festhalten, daß dies eine *mögliche* Wahrheit des medienkritischen Diskurses ist. Ihrzufolge entwertet das Fernsehen die Alltagswirklichkeit, indem es sie der Logik seiner Dramaturgien unterwirft. Die performativen Unterhaltungssendungen wären demnach die Speerspitze einer Tendenz zur Kolonialisierung der Lebenswelt, die dem Fernsehen und anderen Massenmedien als solchen in die Wiege gelegt sei.

2. Das Beispiel der Familie Loud

Die These eines erheblichen praktischen Einflusses der Medien auf die moderne Lebenswelt läßt sich nun wiederum in einer moderaten und in einer radikalen Fassung vertreten. Die moderate Fassung sagt eben dies: daß die Medien viele, wenn nicht alle heutigen Lebensbereiche massiv beeinflussen, derart, daß eine Beschreibung dieser Lebensbereiche eine Beschreibung der Stellung, die verschiedene Massenmedien in ihnen haben, notwendigerweise mit einschließen muß. Das scheint mir trivialerweise richtig; es gibt eine wachsende Prägung der modernen Lebenswelt durch die verschiedenen öffentlichen Medien. Anders steht es mit der radikalen Fassung. Hier wird behauptet, der *Einfluß* der Medien sei derart, daß ihre Form- und Verhaltensgesetze das lebensweltliche Dasein im ganzen *bestimmen*.

Bei denen, die nicht in die kulturkritische Verdammung der Medien und insbesondere des Fernsehens einstimmen wollen und doch dem Bild der platonischen Höhle verfallen sind, ist gerade diese radikale These sehr beliebt. Denn sie scheint die Möglichkeit zu eröffnen, auf dem Wege der praktischen Version der (post)modernisierten Höhlentheorie doch noch das Ziel der theoretischen Version zu erreichen. Es soll sich zeigen, daß es eine *praktisch relevante* Differenz zwischen Alltagswirklichkeit und Medienwirklichkeit nicht länger oder jedenfalls nicht mehr lange gibt.

Durch Jean Baudrillard ist ein Beispiel in Umlauf gekommen, das der praktischen Diagnose einer Nichtunterscheidbarkeit des Realen und des Fiktiven – »Auflösung des Fernsehens im Leben, Auflösung des Lebens im Fernsehen«[15] – auf scheinbar ideale Weise entgegenkommt. Nicht wenige seiner Leser jedenfalls haben es so verstanden. Einer dieser Leser ist Wolfgang Welsch, der seine These, heutige Wirklichkeit sei »vor allem über Prozesse medialer Wahrnehmung konstituiert«, unter Hinweis auf Baudrillard zu belegen versucht:

»Ich will dies an einem Beispiel erläutern, das ich Jean Baudrillard entnehme. Es findet sich in seiner Schrift mit dem bezeichnenden Titel *Agonie des Realen*. Baudrillard berichtet dort von einer amerikanischen Familienserie, wo man die Familie Loud, eine Familie der upper-middle-class in Kalifornien, 300 Stunden lang ohne Script und Scenario aufnahm – also nicht nur O-Ton, sondern O-Life. Am Ende der 300 Stunden sprach der Aufnahmeleiter den triumphalen Satz: ›Sie haben so gelebt, als ob wir nicht dabei gewesen wären.‹ – Zunächst einmal reproduziert (oder beschwört) dieser Satz nur die naive Ideologie des Mediums, wonach dieses seine Gegenstände nicht verändere, sondern bloß registriere und wiedergebe. Aber natürlich kann, gut 20 Jahre, nachdem Matshall McLuhan uns gelehrt hat, daß das Medium selbst die Botschaft ist, niemand mehr so naiv sein, an diesen Mythos bloßer Reproduktion noch zu glauben. Gleichwohl ist der Satz des Aufnahmeleiters wahr – bitter wahr, nur eben ganz anders, als er selbst ihn gemeint hatte. Denn es stimmt wohl: Die Menschen – und nicht nur die der upper-middle-class in Kalifornien – sind heute in so hohem Maße über televisionäre Prozesse sozialisiert, daß sie sich in ihrem Alltag zu jeder Stunde so benehmen, als wäre das Fernsehen dabei. Daher macht es dann keinen Unterschied mehr, ob das Fernsehen faktisch dabei ist oder nicht – es ist (wie traditionelle Philosophen zu sagen pflegen) ›immer schon dabeigewesen‹. Das Verhalten der Menschen

15   J. Baudrillard, *Agonie des Realen*, Berlin 1978, S. 49.

ist durch und durch schon televisionär kodiert. Wirklichkeit – nicht nur die äußere, sondern schon die innere des Selbstverständnisses und der Sozialprogrammierung – ist heute weithin über massenmediale Wahrnehmung konstituiert.«[16]

Welsch vollzieht den Übergang von einer moderaten zu einer radikalen Version der These von der Allgegenwärtigkeit des Fernsehens mit bewundernswerter Eleganz. Daß das Fernsehen die Wirklichkeiten des Lebens nicht so beläßt, wie sie sind, wird heute in der Tat niemand bestreiten wollen. Daraus wird nun, gestützt auf den von Baudrillard überlieferten Satz des Aufnahmeleiters und den Slogan von McLuhan, gefolgert, eigentlich sei das Fernsehen immer dabei und die Menschen verhielten sich immer so, als seien die Aufnahmeteams des Fernsehens dabei. Daher mache es »keinen Unterschied mehr«, ob das Fernsehen dabei ist oder nicht. »Immer schon« sind wir auf Sendung. Unsere Realität ist von der im Fernsehen gezeigten Realität ununterscheidbar geworden. »Durch und durch« sind wir Produkte einer unaufhörlichen medialen Inszenierung.

Diese Beweiskette hat nur einen Haken – sie übersieht die naheliegendste Bedeutung des Satzes, mit dem der Aufnahmeleiter von der Dreharbeit berichtet. Er könnte besagen: Es war den Mitgliedern der Familie Loud nicht möglich, sich rund um die Uhr so zu verhalten, als sei das Fernsehen dabei: auch und gerade dann nicht, als es tatsächlich dabei war. Jedem Soziologen, der einmal ungesteuerte längere Interaktionsabläufe mit Tonband oder Video aufgezeichnet hat, ist die Erfahrung vertraut, daß die Aufzeichnungsmedien von den Akteuren über kurz oder lang »vergessen« werden (auch wenn die Beteiligten durchaus weiterhin wissen, daß ihre Interaktionen aufgezeichnet werden).[17] Daraus zu folgern, die Betroffenen hätten die dramaturgischen

16 W. Welsch, *Ästhetisches Denken*, Stuttgart 1990, S. 57 f. – Das Baudrillard-Zitat in der zitierten Passage findet sich bei Baudrillard, *Agonie*, S. 45.
17 Vgl. hierzu die methodischen Bemerkungen in A. Keppler, *Tischgespräche. Über Formen kommunikativer Vergemeinschaftung am Beispiel der Konversation in Familien*, Frankfurt 1994, S. 33 ff.

Erwartungen der Aufzeichnenden – einmal angenommen, es bestünden solche – so internalisiert, daß sie ihnen gleichsam automatisch entsprächen, ist völlig unangemessen. Vielmehr ist es so, daß die alltägliche Interaktion ihre eigenen Gesetze hat, die durch das Wissen um das Beobachtetwerden möglicherweise kurzfristig außer Kraft gesetzt werden, die aber sofort wieder »greifen«, sobald die konkrete Situation die Aufmerksamkeit des einen für den anderen verlangt. Die »Ablenkung« durch die reale Situation ist auf Dauer größer als die Ablenkung durch die Aufzeichnung.

Wenn also eine Familie vor den permanent anwesenden Kameras des Fernsehens mehr oder weniger so agiert »wie immer« (als sei keiner vom Fernsehen da), so nicht darum, weil sie sich den Inszenierungen des Fernsehens gleichgemacht hätte, sondern deshalb, weil man im Alltag den Alltag nicht andauernd *spielen* kann. Akteure, die monatelang ihren eigenen Alltag darstellen, stellen ihren Alltag nicht dar: in erster Linie *vollziehen* sie ihn. Hierbei stehen ihnen über weite Strecken keine anderen Verfahren zur Verfügung als diejenigen ihres bisherigen Alltags selbst.[18] Alltägliche Interaktionen, mit einem Wort, haben ihre eigene Logik, die mit denen einer Serien-Dramaturgie (soweit sie nicht ohnehin erst am Schneidetisch hergestellt wird) beileibe nicht identisch ist und auch nicht identisch werden kann.

So gelesen wäre der Satz des Aufnahmeleiters – immerhin eine Äußerung von jemandem, der das Geschäft von innen kennt – weniger »naiv« und weniger »bitter«, als Welsch ihn sich zurechtlegt. Er muß keineswegs implizieren, die Sendung im Fern-

---

18 Gewiß mag es sein, daß eine Familie in der Situation der Louds versucht, ihr Leben in einigen Aspekten zu stilisieren; das Gelingen solcher Versuche ist sehr fraglich, denn die erstrebte Stilisierung muß nun in jeder fraglichen Situation von allen durchgehalten werden – ein ziemlich aussichtsloser Versuch. Wenn die Familie Loud, wie Baudrillard in seiner Darstellung andeutet, infolge ihrer televisionären Belagerung auseinandergebrochen ist, so vielleicht nicht zuletzt deshalb, weil die intendierten Stilisierungen im Alltag vor den Kameras nicht durchzuhalten waren.

sehen, die vom »wirklichen« Alltag der Familie Loud handelt, spiegele die Realität dieser Familie wider. Er gibt vielleicht lediglich einen Stolz darüber zum Ausdruck, bei der Formung der betreffenden Sendung auf teilweise nicht-inszeniertes Material zurückgreifen zu können (denn die Art der Aufnahme, die Auswahl der Schauplätze und Szenen – all das bleibt bereits vor dem Schnitt ein gehöriges Stück Inszenierung). Der Satz des Aufnahmeleiters schmeckt aber auch weniger bitter, wenn er als nüchterne Aussage über die – für das Vorhaben des Senders höchst günstigen – Bedingungen einer solchen extremen Aufnahmesituation verstanden wird. Er gibt dann nicht kund, daß wir alle längst zu Erzeugnissen einer medialen Regie geworden sind. Er bringt im Gegenteil zum Ausdruck, daß es sehr unwahrscheinlich ist, daß sich unser Alltag auf Dauer in die Form eines medialen Schauspiels bringen läßt.

Der Satz, den Welsch nach Baudrillard zum Beleg für die radikale Behauptung über die Macht der Medien stilisiert, spricht also viel eher für die weit plausiblere moderate Version. Wie sehr das Fernsehen unser alltägliches Verhalten auch – auf sehr unterschiedlichen Wegen, und keineswegs primär auf dem Weg einer unmittelbaren Nachahmung [19] – im einzelnen prägen mag, wie selbstverständlich auch der Umgang mit diversen medialen Erzeugnissen und Prozessen in unserem Alltag geworden sein mag: Dieser Alltag selbst steht im ganzen nicht unter medialer Regie. Die gegenteilige Lehre freilich ist es, die Wolfgang Welsch selbst aus dem Beispiel der Familie Loud zieht:

»In unserer Gesellschaft [gilt] als real tendenziell nur noch das, was als medial produziert oder reproduziert wird. So werden kulturelle Ereignisse von vornherein auf ihre mediale Attraktivität hin konzipiert (und finanziert). Die Ereignisse der Kulturgesellschaft sind inszenierte Ereignisse – aber inszeniert nicht für

---

19 Welschs Annahme, zwischen der fernsehgemäßen Inszenierung und dem alltäglichen Verhalten bestehe nicht länger ein Unterschied, kehrt die als naiv zurückgewiesene Ansicht, das Fernsehen ahme die Wirklichkeit lediglich nach, auf eine selbst naiv zu nennende Weise lediglich um.

den Moment oder für die Teilnehmer, sondern für die Übertragung, für die Sendung, für die Konserve. Platon hat wieder recht bekommen: die Höhlensituation von Bann, Projektion und Bildglaube hat sich erneuert. Die »Glotze« rückt zum ens realissimum der Epoche auf, und die Ontologie der Medien ist die Physik der Gesellschaft. Auf sie – in erster Linie auf sie – muß ein Begreifen der Wirklichkeit sich heute verstehen. Dazu ist aber – gerade auch kritisch – nur ein Denken imstande, das von Grund auf Wahrnehmung zum Ausgangspunkt und Vollzugsmedium hat.«[20]

Wer diesen letzten Satz wirklich ernstnimmt, gelangt zu ganz anderen Resultaten als den begriffsseligen Behauptungen, die ihm bei Welsch voranstehen. Er müßte erkennen, daß die Diskussion über die Macht des Fernsehens von falschen Oppositionen beherrscht ist, wenn es immer nur wieder darum geht, ob nun »die Wirklichkeit« das Modell ihrer diversen Darstellungen oder aber die Darbietungen im Fernsehen das Modell aller sozialen und psychischen Wirklichkeit sei – ob, kurz gesagt, die Wirklichkeit wirklicher als das Fernsehen oder das Fernsehen wirklicher als die Wirklichkeit sei. Eine wahrnehmungsorientierte Analyse wird sich auf die Falle dieser und ähnlicher Alternativen nicht einlassen. Sie wird vielmehr betrachten, welche Rolle das Fernsehen im Alltag der an seinen Sendungen als (nicht-professionelle) Teilnehmer oder Zuschauer Beteiligten spielt.[21] Sie wird sich nicht mit Scheinbeweisen ausreden lassen, daß zwischen der Darstellung oder Inszenierung einer Wirklichkeit (oder von etwas *als* Wirklichkeit) und dieser Wirklichkeit selbst kein Unterschied bestehe. Sie wird sich nicht ausreden lassen, daß schon die Frage, wie das Fernsehen mit seiner Wirklichkeit auf die Lebenswirklichkeit seiner Betrachter trifft, die Unterscheidung dieser beiden Wirklichkeiten zur Voraussetzung hat. Sie wird dabei

---

20 Welsch, *Ästhetisches Denken*, S. 58.
21 Für eine solche differenzierende Betrachtung plädiert auch J. Meyrowitz, *Die Fernsehgesellschaft I und II*, Weinheim/Basel 1990.

gern der von Baudrillard und Welsch vorgegebenen Maxime folgen, daß sich dieses Verhältnis nicht besser studieren läßt als
dort, wo das Fernsehen in seinen Unterhaltungssendungen versucht, Elemente dieser Lebenswirklichkeit in die Sphäre seiner
Produktionen zu integrieren.

III.
Fernsehwelt
und Alltagswelt

Wir können also davon ausgehen, daß es einige Unterschiede zwischen Fernsehwelt und Alltagswelt gibt. Jedoch müssen wir uns der Differenz und des Zusammenhangs von Fernsehwirklichkeit und Alltagswirklichkeit neu vergewissern. Fernsehsendungen stellen im Leben der Zuschauer eine Wirklichkeit aus eigenem Recht dar, ganz unabhängig davon, ob sie den Anspruch erheben, Realität abzubilden oder Fiktion zu präsentieren.

Die heutige Alltagswirklichkeit steht in einem vielfachen *Bezug* zu dieser Wirklichkeit des Fernsehens, ohne daß dies notwendigerweise eine Vermischung der beteiligten Wirklichkeiten zur Folge hätte – auch da nicht, wo bestimmte Sendungen den Alltag durchaus kontinuierlich begleiten. Das Leben mit *Fernseh-Serien* zum Beispiel, wie sehr diese auch auf den Anschein der Nähe zum wirklichen Leben angelegt sein mögen, ist immer ein Leben in der Spannung zwischen Leben und Serie – und im Spiel mit dieser Spannung. Die Zuschauer lassen sich auf die Welt einer Serie ein, ohne diese zu ihrer Welt zu machen.

Der Zusammenhang zwischen diesen beiden »Welten« läßt sich ohne die Angabe ihrer Differenz nicht bestimmen. Jedenfalls ist dies bei den hergebrachten Formen des Fernsehens so. Dieses Verhältnis gilt es daher zunächst zu bestimmen, um dann zu sehen, wie es sich durch die neuen Sendeformen, die unser eigentliches Thema sind, verändert – und ob es dabei außer Kraft gesetzt wird.

1. Das Beispiel der Serien

Die Frage nach der »Wirklichkeit der Fernsehwirklichkeit« ist immer wieder am Beispiel der Fernsehserien diskutiert worden, hierzulande besonders am Beispiel der »Lindenstraße«. Diese Serie ist seit 1985 im Programm der ARD, und mittlerweile wurden bereits mehr als 450 Folgen gesendet. Der Regisseur Hans W. Geißendörfer trat ausdrücklich mit dem Anspruch an, den »Alltag« bundesdeutscher Wirklichkeit darzustellen und die »Probleme« zur Sprache zu bringen, die das Fensehen ansonsten ausblende. Doch ist die »Lindenstraße« kein Abbild der deutschen Wirklichkeit, ebensowenig wie die neuen Folgen von »Liebling Kreuzberg« ein Abbild jetziger Berliner Verhältnisse waren, wie sehr die Folgen auch ihre Pointen und ihren Witz aus der besonderen Lage Berlins als einer nicht mehr getrennten Stadt bezogen. Denn die Wirklichkeit des alltäglichen Lebens unterscheidet sich von derjenigen einer solchen Serie kategorial dadurch, daß sie kein geschlossenes System von Figuren und Situationen darstellt. Fernsehserien aber, »Liebling Kreuzberg« nicht anders als die »Lindenstraße« oder irgendeine andere, sind geschlossene Systeme. Die Faszination, die Serien auf die Zuschauer ausüben, verdankt sich unter anderem der Geschlossenheit und der daraus folgenden Überschaubarkeit dieser dargestellten Welten. Freilich müssen diese symbolischen Systeme so verfaßt sein, daß sie *im Anschluß* an die Erfahrung ihrer Zuschauer rezipiert werden können. Eine Konvergenz zwischen imaginierter und realer Wirklichkeit aber liegt darin keineswegs. Diesen Kurzschluß mögen einige Zuschauer begehen, wenn sie etwa Briefe an die »Schwarzwaldklinik« schreiben oder gar dem Sprößling von Dr. Brinkmann Babywäsche schicken, in weit größerer Zahl aber unterliegen ihm die Deuter des Fernsehens, die das System ihrer Theorie für die Wirklichkeit halten.

Denn nur wegen ihrer formalen Geschlossenheit, aus der die komplexe Lebenswirklichkeit des Betrachters ausgeschlossen bleibt, ermöglichen die Serien ein Eintauchen in »ihre« Welt. Nur darum kann die Rezeption in Form einer »kontemplativen Versenkung« erfolgen, die immer auch auf emotionaler Identifikation basiert. Neben dieser identifikatorischen Wirkung findet sich jedoch immer auch ein Moment der Distanzierung. Nicht nur die »Lindenstraße« ist, wie ihr Redakteur Ronald Gräbe vermutet, deshalb »so erfolgreich, weil sie zwei ganz wesentliche Bedürfnisse befriedigt: das nach Unterscheidung und das nach Identifikation. Während die einen froh sind, daß es bei ihnen völlig anders zugeht, sind die anderen froh, daß es denen im Fernsehen genauso geht«.[22] Dies trifft für die Rezeption aller Serien gleichermaßen zu, ob diese nun von bundesrepublikanischer Wirklichkeit oder von den Problemen US-amerikanischer Ölmillionäre handeln. Außerdem sind die Rollen der Identifikation und Distanzierung in den wenigsten Fällen auf unterschiedliche Zuschauer oder Klassen von Zuschauern verteilt. Fast jeder passionierte Zuschauer nimmt diese unterschiedlichen Rollen bei unterschiedlichen Sendungen in unterschiedlichen Graden und Varianten *beide* ein.

Weder das Moment der Identifikation, noch das der Distanzierung ist dabei gleichbedeutend mit einer Verwechslung von Sein und Schein. Weil die Zuschauer eine Serie als ein in sich geschlossenes System, als ein gemachtes, ein »Kunst-Produkt« wahrnehmen, das sich von ihrer Lebenswelt durch Vereinfachung, Stilisierung, Rhythmisierung, geregelte Abfolge von Anfang und Ende und vieles andere signifikant unterscheidet, sind sie zwar gern bereit, sich dem Gang der Geschichten immer wieder kontemplativ zu überlassen. Jedoch bedeutet dies keineswegs (schon gar nicht zwangsläufig), daß sie sich insgesamt bewußtlos vereinnahmen ließen. Daß wir in die Welt einer Serie unter anderem »eintauchen« können, bedeutet nicht, die Sendungen – ihre Klischees, ihre Rollenangebote, ihre »Ideologie« – tauchten wi-

---

22 Zitiert nach P. Bahners, Tod wo ist dein Stachel?, in: *Frankfurter Allgemeine Zeitung* vom 31.8.1991, S. 25.

derstandslos oder bruchlos in uns ein. Diese Determination wäre nur gegeben, wenn wir im Zuschauen nicht anders könnten, als uns mit dem Weltbild der Serie zu identifizieren. Bereits die Identifikation mit *mehreren* Serienhelden – mit Dr. Brinkmann und Herrn Liebling beispielsweise – dürfte eine solche Determination entkräften. Jedenfalls ist der durchs Fernsehen ausgelöste »Tagtraum«, in dem sich die reale mit einer imaginierten Wirklichkeit ununterscheidbar mischt, der im Zusammenhang mit Serien so häufig bemüht wird, mit Sicherheit nur ein Teil der Wahrheit über die anhaltende Beliebtheit von Serien. Denn diesen Traum zeichnet aus, daß wir jederzeit aus ihm erwachen können. Das Träumen und das dazugehörige Erwachen machen zusammen das Vergnügen aus, das diese Sendungen denen gewähren, die ihnen zugetan sind.

Ohnehin ist unklar, was Identifikation mit der Welt oder Sicht einer Serie genau heißen soll.[23] Die ganze Form der Serie – die fortlaufende Wiederholung des Nahezu-aber-doch-nicht-ganz-Gleichen – schafft auch ihre eigenen Gesetze: Die Vertrautheit der Zuschauer mit den fixen Charakteren und den im wesentlichen gleichbleibenden Situationen erzeugt ein charakteristisches Interesse an den Möglichkeiten einer unendlichen Variation des Immergleichen. Sich in der Welt einer bestimmten Serie auszukennen heißt demnach, das nie ganz vorhersehbare Spiel aus Regel und Abweichung verfolgen zu können. Die Bindung an Handlung und Botschaft der Serie ist gleichsam gelockert durch das gleichzeitige – und für das fortdauernde Vergnügen an der Serie gleichermaßen wichtige – Interesse dafür, wie gut oder schlecht es den Machern der Serie gelingt, den Knoten der Handlung zu lösen bzw. aufs neue zu schürzen. Ohne dieses Interesse an der Form der Serie, und das bedeutet: ohne diesen Blick für ihre Besonderheit als Serie im Unterschied zur drama-

---

23 Die folgende Überlegung folgt A. Keppler/M. Seel, Zwischen Vereinnahmung und Distanzierung. Vier Fallstudien zur Massenkultur, in: *Merkur* 450, H. 9/10 1991, S. 885 ff.

turgischen Armut des wirklichen Lebens, gibt es kein Interesse an der fiktiven Wirklichkeit der Serie. Wer Serien anschaut, schaut eben nicht einen endlosen Film an, dem er mit zunehmender Dauer auf den Leim geht, er schaut eine Serie von Filmen an, die er immer wieder im Kontrast zu den vorangegangenen Folgen als auch zur eigenen Wirklichkeit erlebt. Deswegen ist es falsch, zu meinen, in der »Vermischung« von eigener Welt und Fernsehwelt liege der primäre Reiz für die Zuschauer von fiktiven Fernsehserien. Die Zuschauer sind sich der Konstruiertheit der Welt der »Beimers« oder des »Havelkaisers« durchaus bewußt, sie wollen *nicht*, wie immer wieder behauptet wird, die Grenze zwischen der Sendung und ihrem Alltag vergessen. Sie wollen – bei aller (ihrerseits unsteten, nur auf Abruf gewährten) Identifikation mit einzelnen Figuren – eher die Differenz dieser beiden »Welten« erleben.

Daß bei eher stereotypen Produkten der Kulturindustrie wie den genannten Fernsehserien eine distanzierte Aufnahme nicht allein (unter den Gebildeten) möglich, sondern durchaus (im Volk) verbreitet ist, läßt sich empirisch recht gut belegen. Die kulturpessimistisch beklagte oder postmodern bejubelte »Vermischung der Realitäten« findet weit weniger statt, als viele Kritiker dies vermuten – und die Vermarktungsindustrie es gern hätte. Diese setzt ebenso wie viele Medienwissenschaftler darauf, daß die Zuschauer keinen Unterschied zwischen den Serienfiguren und ihren Darstellern machen. Da wirbt nicht nur »Oberschwester Hildegard« in Apotheken für ein Blutdruckmeßgerät, auch der Dr. Brinkmann-Darsteller Klaus-Jürgen Wussow läßt sich im Arztkittel abbilden, um ein Buch mit Lebensweisheiten und Gedichten zu vertreiben. Als Beleg für den Erfolg dieser durchaus intendierten Realitätsvermischung wird in der soziologischen Literatur nicht selten der Tourismus zu den Seriendrehorten genannt. Daß die Leute zahlreich dahin pilgern, wo die Fabrikation der Fiktionen stattfindet, soll als Beleg für die Fiktionsvergessenheit der Leute dienen. Tatsächlich lassen sich am Drehort etwa der »Schwarzwaldklinik« einige Anzeichen der Vermengung von

Fiktion und Wirklichkeit finden. In der Nähe einer Kurklinik der baden-württembergischen Landesversicherungsanstalt, auf deren Gelände die Scheinwelt des Prof. Brinkmann hergestellt wurde, deutet der im Fernsehen verwendete Schriftzug »Schwarzwaldklinik« auf die für Besucher vorgesehenen Parkplätze hin; und auch für das ontologische Problem der Negation fiktiver Entitäten gibt es hier schöne Beispiele, etwa wenn es auf Schildern heißt: »Hier kein Durchgang zur Schwarzwaldklinik.«

Trotz dieser pragmatischen Überlagerungen aber lassen die Gespräche, die von Besuchern dieses quasi-realen Schauplatzes geführt werden, keine Vermischung von Fernseh- und Alltagswirklichkeit erkennen. Es wird vielmehr ein ironischer Umgang mit den Serienhelden gepflegt. So kommt es zu komischen Reaktionen, wenn die Handlungen eines Film-Darstellers kommentiert werden, als wären es solche der Serienfigur – wobei das Lachen nichts anderes ist als das wechselseitig kundgegebene Wissen um die entscheidende Differenz. Andere Unterhaltungen dagegen, die beim Anblick der LVA-Klinik und ihrer Umgebung geführt wurden, thematisieren die Machart der Serie. Es wird erörtert, wie die Produzenten den vom Fernsehen vertrauten Eindruck hinkriegen, der vom faktischen Aussehen der Szene so offensichtlich abweicht. Es wird erörtert, wie und wo sich die *Figuren* des Films im Unterschied zu dem *Personal* bewegen, das die Stätte im Alltag bevölkert. Die Pilger zum Ort des schönen Scheins interessieren sich vor Ort gerade für den Unterschied zwischen der Realität und dem Schein.

Dieser Umweg über die Wirklichkeit ist freilich keineswegs nötig, um sich ein Bewußtsein des Abstands zwischen seriellem Schein und alltäglichem Sein zu bewahren. In den Gesprächen, die Anhänger bestimmter Serien über diese führen, gehen Bemerkungen zu formalen Eigenschaften oder über die Qualität von Schauspielern oft in einem Atemzug mit solchen über bestimmte Serienereignisse zusammen. Eine Verwechslung fiktiver Figuren mit realen Personen findet bei den meisten Zuschauern nicht statt. Ausgerechnet die Vermischung von Realität und Wirklichkeit, die doch denen, die ihr angeblich erlegen sind, gerade nicht auffallen dürfte, kann ein wichtiges Thema alltäglicher Unterhaltungen über die massenmediale Unterhaltung sein.

So ist es jedenfalls in den beiden folgenden Gesprächsausschnitten, in denen ein Lindenstraßen-Fan über sein Interesse an der Serie räsoniert. Gefragt, ob er in der Serie Lieblingsfiguren habe, lautet die Antwort: »Die Frau vom Benno. Zum einen liegt es an der Rolle. Ich finde, sie ist mit Sicherheit eine von den besseren Schauspielerinnen. Nossek war auch eine Lieblingsfigur von mir, was weniger an der Rolle lag, die ist ja ziemlich negativ besetzt gewesen, sondern auch weil er ein ziemlich guter Schauspieler ist. Und von den Familien natürlich die Beimers, mit Abstand. Das ist einfach die klassisch durchschnittliche Familie, das konnte ich gut nachvollziehen; so läufts ab.« Das Interesse für die fingierte Wirklichkeit der Serie wird von einem Interesse für die Künstlichkeit des Fingierens – und sogar für das Spiel zwischen beiden Elementen – begleitet. »Natürlich gibt es einen Inhalt. Ich frage mich, warum gucke ich dieses Ding an. Es sind nur zum Teil und ich weiß nicht, ob fast zum geringeren Teil die Inhalte. Es ist einfach verblüffend, was die wieder für neue Sachen durchziehn. [...] Du kriegst als normaler Fensehkonsument zum ersten Mal die Vermischung von realer und fiktiver Wirklichkeit mit, einfach wenn du siehst, wie die Kinder, die dort mitspielen, älter und größer werden. Das hat nicht nur mit der fiktiven Wirklichkeit zu tun, sondern auch mit der realen, weil das Jahre geht.«

Der Serie wird hier durchaus – und auf verschiedenen Ebenen – ein Realitätscharakter zugeschrieben: Sie zeige etwas über Realität und habe im Altern ihrer Figuren Teil an der real vergehenden Zeit. Dieses Realistische wird aber zugleich als Leistung einer Fiktion gesehen, die das, womit sie fesselt, nur *zeigen* kann, eben weil sie – weil *ihre* Wirklichkeit – Fiktion, Konstruktion, Darbietung und nicht einfach Wiederholung oder Verlängerung der eigenen, der Lebenswirklichkeit ist. Zu dieser Lebenswirklichkeit freilich gehört für den Lindenstraßen-Fan der wöchentliche Kontakt mit jener fiktiven Wirklichkeit, in der er Züge seiner Lebenswirklichkeit auf eine artifizielle Weise variiert und gespiegelt sieht. Der Serien-Zuschauer sucht und findet in der Serie seiner Wahl ein *Widerspiel* zur Form seiner eigenen Existenz. Das Leben mit einer Serie, wie sehr diese auch auf den Anschein der Nähe zum wirklichen Leben angelegt sein mag, ist ein Leben mit der Spannung zwischen Leben und Serie.

Dieses Beispiel steht für viele andere. Es zeigt, daß diejenigen, die blind für die Gesetze einer Fernsehserie wären, gar kein Vergnügen an ihr haben könnten. Wer die Serie für (die reine Wiedergabe von) Wirklichkeit hält, könnte im Betrachten der Serie keinen Spielraum gegenüber der Wirklichkeit gewinnen. Das Beispiel der Serie legt also nahe, die Wirklichkeit des Fernsehens mit Alfred Schütz als einen »geschlossenen Sinnbereich« neben vielen anderen zu verstehen, der sich durch eine spezifische Bewußtseinsspannung, eine spezifische Epoche, eine bestimmte Form der Spontaneität sowie durch spezifische Formen der Selbsterfahrung, der Sozialität und der Zeitperspektive auszeichnet.[24] Lassen wir uns als Zuschauer auf die Welt des Fernsehens ein, sind wir »entbunden vom pragmatischen Motiv, das unsere natürliche Einstellung gegenüber der Welt des alltäglichen Lebens bestimmt. [...] Das Geschehen in der Außenwelt verlangt von uns nicht mehr, daß wir uns zwischen verschiedenen dringlichen Unternehmungen entscheiden, und ebensowenig setzt es unseren je nur denkbaren Erfolgen irgendwelche Schranken.«[25] So beschreibt Schütz die verschiedenen Welten der Phantasievorstellung. Im Anschauen von Fernsehserien ist dieses Phantasieren freilich immer ein durch die Form – und gerade die *Serien*form – *gebundenes* Phantasieren. Die Entbindung von den Beschränkungen des Alltagshandelns ist hier also selbst eine gebundene. Dennoch setzen die Sendungen die Zuschauer von den

---

24 Vgl. A. Schütz, Über die mannigfaltigen Wirklichkeiten, in: ders., *Gesammelte Aufsätze*, Bd. 1, Das Problem der sozialen Wirklichkeit, S. 392-411, hier: S. 267.
25 A. Schütz, ebd. S. 270.

Kontexten seines Alltags in einem bestimmten Sinn frei. Indem sie Situationen vorgeführt bekommen, die ihnen aus dem jeweiligen Alltag (mehr oder weniger) bekannt sind, die aber hier entlastet vom alltäglichen Handlungsdruck »genossen« werden können, können die Zuschauer sich der imaginierenden und emotionalen Anteilnahme hingeben, die aber aufgrund der Besonderheit der Serienstruktur gleichwohl einen distanzierenden und distanzierten Blick auf die dargestellte Realität zuläßt: und somit das Bewußtsein ihrer Differenz zur eigenen Wirklichkeit keineswegs verstellt. Es ist vielmehr gerade diese Differenz, die im Eintauchen in die andere Wirklichkeit des Fernsehens genossen wird.

2. Neue Verhältnisse

Wenn wir dies probeweise über das Beispiel der Serien hinaus verallgemeinern, so wäre zu sagen: Die Rezeption von Fernsehsendungen vollzieht sich in der Regel als eine Aufnahme von Produkten, die ein Widerspiel zur eigenen Ansicht und Erfahrung sind. Ich meine, daß es sich zumindest im herkömmlichen Fernsehgebrauch durchaus so verhält. Um dies wirklich zu zeigen, müßten viele andere Sendeformen in Betracht genommen werden. Aber das ist hier nicht nötig, denn die hypothetische Verallgemeinerung reicht aus, um erneut die Leitfrage zu stellen, auf die es uns ankommt: Ob sich und inwiefern sich dieses Verhältnis durch die neuen Formen eines »Realitätsfernsehens« geändert habe. Denn wie steht es mit den Sendungen des (performativen) »Reality-TV«, in denen keine Spielhandlungen dargestellt werden und keine Schauspieler agieren, sondern leibhaftige Menschen ihre eigenen Probleme schildern und sich mit Hilfe des Fernsehens Lösungen erhoffen, die auch und gerade in der Realzeit des Alltags bestehen sollen? Werden hier nicht doch die Realitäten des Mediums mit denen des Alltags so kombiniert, daß die entscheidende Faszination und Wirkung dieser Sendungen aus einer Vermischung der traditionell geschiedenen Sphären resultiert? Und ist nicht dies ein Indiz für eine globale Veränderung der Fernsehpraxis als solcher? Kann wirklich weiterhin davon gesprochen werden, das Fernsehen stelle der Wirklichkeit seiner Konsumenten eine eigene Wirklichkeit gegenüber? Integriert nicht das gegenwärtige Fernsehen Bestandteile der tatsächlichen Lebenspraxis so, daß die Kontinuität zwischen dem Geschehen in den Sendungen und außerhalb ihrer immer größer wird? Sollte dies nicht doch ein Anlaß sein, endlich den durchgehend medialen Charakter unserer alltäglichen Lebenswirklichkeit anzuerkennen?

Die Antwort auf diese Fragen wird in der genauen Beschreibung und Interpretation einzelner dieser Sendungen zu finden sein, mit der ich im nächsten Kapitel beginnen werde. Zur Vorbereitung dieses Gangs zu den Dingen selbst ist zunächst daran zu erinnern, daß die neuen Sendeformen nicht aus dem Nichts entstanden sind. Darauf verweist auch Helmut Thoma, der Chef von RTL, der gegen Vorbehalte, in den Shows seines Senders sei etwas Unsittliches im Gange, beruhigend darauf verweist, daß die öffentlich-rechtliche Konkurrenz doch eigentlich nichts anderes mache. »Wie immer die Kritik darüber urteilt, die Sendung arbeitet mit Emotionen, und Emotionen sind im Fernsehen das Entscheidende. Und was war die Rudi Carrell-Show in der ARD denn anderes? Da wurde die Großtante als Überraschung aus Australien eingeflogen; bei »Verzeih mir« gibt's eben einen Blumenstrauß.«[26] Thoma weist darauf hin, daß die Unterhaltungssendungen schon seit längerem großen Aufwand getrieben, Menschen bewegt, Begegnungen herbeigeführt, Preise vergeben und so direkt ins Leben der Beteiligten eingegriffen haben.

Daran ist soviel richtig, daß Fernseh-Unterhaltungssendungen der unterschiedlichsten Art – von »Glücksrad« über »Wetten daß«? bis hin zu »Geld oder Liebe« – seit jeher auf Wunscherfüllung bauen: Wunscherfüllung in Form von Geld – oder Waren-

---

26 Interview mit Helmut Thoma in: die *tageszeitung*, 22.9.1993, S. 14

preisen oder Traumreisen; Wunscherfüllung aber auch in Form kurzfristiger »Berühmtheit«, dem Genuß allgemeiner Aufmerksamkeit, wenn auch nur für wenige Minuten. »Hier kommt zwar jemand«, schreibt Georg Franck, »in den Genuß allgemeiner Aufmerksamkeit, es hat aber wenig Folgen fürs Renommee. Die gefundene Aufmerksamkeit wird im allgemeinen auch kein Startkapital für eine künftige Karriere sein. Der Auftritt vermittelt nur kurz einmal das Gefühl, wie es ist, wenn alle schauen.«[27] Hans-Georg Soeffner hat es so formuliert: »In der Show tritt er heraus ans Licht, in der Gesellschaft bleibt er, wo er ist.«[28] Der Auftritt im Fernsehen hat für die Beteiligten im Alltag keine Konsequenzen – es sei denn in der leeren Form des Gewinns einer Ware, Reise oder eines größeren Geldbetrags. Die Ausfüllung dieser Formen ist hier keine Sache des öffentlichen Auftritts selbst. Ob ein größerer Geldbetrag das Leben der Gewinner verändert – und wie er es tut –, hat mit der Sendung, in der er gewonnen wurde, nichts mehr zu tun. Diese Veränderungen spielen sich erst, unter weitgehendem Ausschluß der Öffentlichkeit, im Privatbereich ab.

Das ist bei den neuen Sendeformen anders. Hier wird versucht, Änderungen des privaten Lebens in den Formen der Sendungen selbst zu vollziehen – vor den Augen der Öffentlichkeit. Diese Sendungen sind darauf angelegt, das Beziehungsleben derjenigen, die ehemals als »Kandidaten« um einen mehr oder weniger lukrativen formalen Gewinn konkurrierten, nun als Darsteller *ihrer selbst* agieren, *inhaltlich* zu verändern. Das ist eine durchaus neue Qualität, die Helmut Thoma mit seiner abwiegelnden Äußerung verschweigt.

Ich möchte dieses Neue am Beispiel einer älteren Sendung kurz hervorheben. Stellt man etwa die »Rudi-Carrell-Show«, die

27 G. Franck, Ökonomie der Aufmerksamkeit, in: *Merkur* 534/535, H. 9/10 1993, S. 754
28 H.-G. Soeffner, Die Inszenierung von Gesellschaft – Wählen als Freizeitgestaltung, in: ders., *Die Ordnung der Rituale. Die Auslegung des Alltags*, 2, Frankfurt 1992, S. 164.

lange Jahre in der ARD ausgestrahlt wurde, der bei RTL gesendeten »Versöhnungsshow« »Verzeih mir« gegenüber, so wird rasch
deutlich, daß es zwischen der Wunscherfüllung der »klassischen«
Unterhaltungsshow und den Unterhaltungsshows des sogenannten »Wirklichkeitsfernsehens« einen qualitativen Sprung gibt.
Die Art der Wünsche und ihrer Erfüllung ist kategorial verschieden. Nicht anders steht es mit der Stellung des Fernsehens zur
alltäglichen Wirklichkeit. Beide Seiten sind in ein neues Verhältnis getreten.

Die »Rudi-Carrell-Show« begann stets damit, daß Rudi Carrell die Bühne betrat und eine Erkennungsmelodie sang, die das
Fernsehen in der Rolle des Glücksbringers vorstellte: »Laß Dich
überraschen, hier werden Wunder Wirklichkeit«, hieß es da,
»hier werden Träume wahr«, hier wird dafür gesorgt, »daß Deine
Wünsche in Erfüllung gehen«. Die Wünsche, die so erfüllt wurden, waren verschiedener Art. Zum einen wurden konventio-
nelle, auf das Fernsehen gerichtete Wünsche erfüllt. Das Mu-
sikprogramm der Show wurde von sogenannten »Imitatoren«
bestritten, die mit dem Nachsingen berühmter Popsongs um die
Gunst des Publikums konkurrierten. Dabei bewährte sich die
voyeuristische Mission der Sendung in dem Nachweis, daß im
normalen Menschen mehr steckt, als auf den ersten Blick kennt-
lich ist – zumindest die Nachahmung einer Very Important Person. Dem Grundanliegen der Sendung, nämlich – wie Rudi Carrell es aussprach – »zu zeigen, daß es eine ganze Menge netter
Menschen gibt«, diente auch das vom Meister jedesmal dargebo-
tene »Rudigramm«, ein Ständchen, das der prominente Vertreter
der Klasse der Prominenten besonders verdienten Normalbür-
gern am Schauplatz ihrer Verdienste darbot. Die »Rudi-Carrell-
Show« erfüllte aber nicht allein Fernsehwünsche, sondern auch
Lebenswünsche, solche Wünsche, die selbst nicht auf das Fernsehen gerichtet sind, deren Erfüllung freilich auch in diesem Fall
mit der Zugabe einer Objektivierung der eigenen Existenz im
Fernsehen belohnt wurde. Um diese Lebenshilfe zu gewähren,
griff der Sender auf ein Heer bereitwilliger Informanten zurück,

die der Redaktion – in der Rolle von Glücksspitzeln – über die mehr oder weniger heimlichen Wünsche von Familienmitgliedern und Freunden berichteten. Die Bandbreite der erfüllten Wünsche reichte vom Wasserskifahren auf dem Gardasee mit der Popgröße David Hasselhoff bis hin zur Vereinigung von zwei Damen – eine Deutsche, eine Amerikanerin –, die seit 40 Jahren Briefpartnerinnen waren, ohne sich je begegnet zu sein. Die Show operierte mit einer Dramaturgie des geplanten Zufalls. Die Leute sollten, wie es sich für das Glück gehört, von diesem *überrascht* werden; die Zuschauer zu Hause, die selbst keineswegs überrascht waren, denn sie hatten alles schon kommen sehen, sollten sich am *Eintreten* der Überraschung erfreuen.[29]

Dieses Schema wird in den neuen Shows radikalisiert. Zwar sind die im Fernsehen auftretenden nicht-professionellen Teilnehmer im einen wie im andern Fall »Menschen wie du und ich«, also Repräsentanten des Zuschauers vor dem Bildschirm. Sie treten jedoch nun zugleich in ihrer eigenen Sache auf. In Sendungen wie »Verzeih mir« oder »Nur die Liebe zählt« macht sich das Fernsehen ganz zu einer Bühne menschlichen Schicksals; es gibt den Zuschauern Gelegenheit zur Anteilnahme entweder an diesen Schicksalen selbst oder an den Bemühungen der Moderatorinnen und Moderatoren, es zum Guten zu lenken. Diese Schicksale werden jedoch nicht länger nur dargestellt oder durch Eingriffe der wohltätigen Anstalten korrigiert, vielmehr wird versucht, Wendungen dieser Schicksale im Rahmen inszenierter Begegnungen *tatsächlich zu vollziehen*. Hier werden nicht mehr einfach bestehende Lebenswünsche erfüllt, im Rahmen der medialen Inszenierung werden hier *existentielle Wandlungen* vollzogen – oder jedenfalls der Anschein erweckt, sie würden vollzogen.

Das ist ein Unterschied. Ein zweiter Unterschied besteht darin, daß in den performativen Reality-Shows, um einen Beitrag von Hans-Georg Soeffner über »Wetten daß?« zu zitieren, weder

29 Zu dieser Sendung s. ausführlicher: A. Keppler/M. Seel, a.a.O., S. 881–884.

»das üblicherweise Nicht-Honorierte einmal honoriert« wird, noch daß hier »Monstren« ausgestellt werden, die »uns, der Gesellschaft als Publikum, zur Absicherung und Bestätigung der eigenen sozialen ›Normalität‹ dienen: zur Festigung des Glaubens an die Universalität des Normalen angesichts der Einmaligkeit des Außergewöhnlichen«.[30] Die neuen Shows dagegen verweilen entschieden innerhalb der Sphäre der Normalität. Sie versuchen gerade das Normale zum Spektakel zu erheben. Sie setzen dort ein, wo dieses Normale heikel oder brüchig geworden ist. Die Show besteht darin, die Normalität – einer geregelten Paarbeziehung, einer kommunikationswilligen Familie, eines kooperativen Arbeitsverhältnisses – herbeizuführen oder zu heilen.

Darin liegt – drittens – eine veränderte »Arbeit mit Emotionen«. Dem Zuschauer sollen nicht Gefühle vermittelt, zugänglich, verständlich werden, die er nicht kennt oder sich daheim nicht leisten kann, hier werden Gefühle herbeigeführt, ausgestellt und wachgerufen, mit denen er bestens vertraut ist, weil sie Teil des ganz normalen Alltags sind. Das Fernsehen vergrößert diese Gefühle auf einer Bühne der Alltäglichkeit. Daher rührt wohl auch das Gefühl der Peinlichkeit, das zumindest einen Teil der Zuschauer bei derartigen Shows beschleicht: Die echten Freuden und Leiden der Menschen wirken seltsam ungelenk auf dieser durchaus künstlichen Bühne. Daher rührt aber auch die Faszination dieser Sendungen selbst für die, die sich gelegentlich peinlich berührt fühlen. Denn die artifizielle Ausstellung ebenso dramatischer wie echter – zumindest echt erscheinender – Gefühle ist eine Situation, die der Alltag so eben doch nicht zu bieten hat. Hier kann man als Teilnehmer eines öffentlichen Schauspiels ungeniert zuschauen bei existentiellen Dramen, die sich sonst nur aus den Augenwinkeln beobachten lassen. Hier kann man sich an den Nöten und Freuden Fremder direkt beteiligt fühlen, ohne in irgendeiner Form soziale Verantwortung übernehmen zu müssen – ohne überhaupt in der Gefahr zu sein, selbst involviert zu werden.

30 H.-G. Soeffner, a. a. O., S. 165

3. Talkshows als Vorläufer und Variante

Was dies für das Selbstverständnis der Teilnehmer und Zuschauer bedeutet, möchte ich anhand verschiedener Sendungen des gegenwärtigen Unterhaltungsfernsehens untersuchen. Begonnen hat es schon vor längerer Zeit mit den Talkshows. Hier wurde zum ersten Mal der Mensch als »Mensch wie du und ich« in den Mittelpunkt von Unterhaltung gestellt – und zwar *als* er selbst, nicht lediglich als Kandidat oder Spielfigur eines eigens inszenierten Geschehens. Den Vorreiter machten zwar die Prominenten, jedoch rückten und rücken mehr und mehr auch Nicht-Prominente und Nicht-Show-Profis an die runden Tische und in die Sitzgruppen der Talkshows vor. Auch hier also, könnte es scheinen, besteht eine Tendenz zur Angleichung der Situationen im Fernsehen an diejenigen zu Hause. Dieser Anschein aber trügt.

Eine Talkshow nach amerikanischem Vorbild wurde in Deutschland zum ersten Mal 1973 unter dem Titel »Je später der Abend« im dritten Programm des Westdeutschen Fernsehens ausgestrahlt. Ab Silvester 1973/74 wurde die Show ins erste Programm übernommen und regelmäßig alle 14 Tage gesendet. Der erste Moderator war Dietmar Schönherr; Hansjürgen Rosenbauer und Reinhard Münchenhagen folgten ihm nach. Zu den Pionieren dieser Sendeform gehört auch Alfred Biolek, der seit 1975 eine ganze Reihe solcher Sendungen moderiert hat. Obwohl es die Talkshows zunächst schwer hatten, sich im deutschen Fernsehen zu etablieren, müssen sie doch als ein wichtiger Vorläufer und Wegbereiter der Reality-Shows gesehen werden. So etwa war ab Oktober 1974 in WDR III eine von Reinhard Münchenhagen moderierte Show zu sehen, die sich unter dem Titel »Spätere Heirat nicht ausgeschlossen« als »Talkshow mit Sinn« präsentierte. Das heißt, es kam hier nicht allein auf den Sinn der Rede an, das Reden sollte einen wenigstens potentiellen *Handlungssinn* über das momentane Redehandeln hinaus haben. Ein entscheidender Schritt zu einer heutigen Show wie »Nur die Liebe zählt«, die ich unten behandeln werde, war damit bereits getan. Es war die erklärte Absicht jener älteren Show, »Menschen, die sich einsam fühlen und ihr Leben, ihre Arbeit, ihre Hobbys gerne mit einem Partner gemeinsam gestalten möchten«, zu helfen und ihnen »eine Möglichkeit (zu) bieten, sich an ein größeres Publikum zu wenden. Die Themen, über die sich der Talk-Master und sein Gast unterhalten, kreisen bei aller Vielfalt um die Lebenssituation des Gastes, insbesondere unter dem Aspekt der Partnerschaft.«[31] Auch hier schon war eine alltagspraktische Wirkung intendiert, obwohl es noch nicht darum ging, eine existentielle Wandlung im Rahmen der Sendung selbst zu vollziehen.

Talk-Shows haben mit der Einführung der privaten Sender eine neue Konjunktur erlebt. Während etwa tägliche Talkshows vor 15 bis 20 Jahren noch von den Fernsehredaktionen als für das deutsche Publikum ungeeignet abgelehnt wurden, erlebt das Genre heute (vor allem aber nicht nur) bei den privaten Sendern einen Boom. Neu ist gerade die tägliche Talk-Show sowohl am frühen Nachmittag – wie bei Ilona Christen in RTL – als auch spät abends, wie zum Beispiel die Late-Night-Show Thomas Gottschalks im selben Sender, die gerne an die »Tonight Show« Johnny Carsons anknüpfen würde, der als Nachfolger von Jack Paars bei NBC über Jahrzehnte fünfmal pro Woche für neunzig Minuten von 23.30 bis 1.00 Uhr in seiner besten Zeit mehr als 11 Millionen Zuschauer fesselte.

Ganz nach amerikanischem Vorbild verfährt auch die »Hans-Meiser«-Talk-Show. Von Werbe-Spots und Sender-Signets unterbrochen, wird sie täglich, d. h. von Montag bis Freitag, von 16.00 – 17.00 Uhr live mit Studio-Publikum gesendet. Neben einer durch die serielle Produktion bedingten erheblichen Ko-

---

31   H. Kalverkämper, Talk-Show. Eine Gattung in der Synthese, in: H. Kreuzer / K. Prümm (Hg.), *Fernsehsendungen und ihre Formen*, Stuttgart 1979, S. 406-426, 418.

stenreduktion für jede Einzelsendung geht es hier auch um den psychologischen Effekt der Gewöhnung des Zuschauers an die Sendeform, den Talk-Master bzw. die Talk-Masterin oder einfach den täglichen Sendetermin.

Nicht Prominente oder Stars sind im allgemeinen die Gäste von Hans Meiser, sondern der »Mann und die Frau von der Straße«, seien es nun Mütter von zu früh geborenen Babys oder Frauen, deren Männer wegen Gewaltverbrechen im Gefängnis saßen – Hans Meiser befragt sie ebenso wie »Opfer der Telekom«, ehemalige »Miss Germanys« oder »Flirtspezialisten«. Nur mit Menschen, wie sie eben sind, kommt die Show freilich nicht aus. Fragt man die einfachen Leute nach ihren Nöten und Freuden, so braucht man zusätzlich die Experten, die das Ganze ins rechte Licht rücken. Zum Flirt wird jemand gehört, der den Flirt wissenschaftlich unter die Lupe nimmt, zu den Erfahrungen mit den »Frühchen« müssen außer den Müttern und Vätern auch Neonatalogen und Gynäkologen, Krankenschwestern und vor allem Chefärzte befragt werden. Hans Meiser geben alle bereitwillig Auskunft. Der Moderator, der sein Ohr einmal der subjektiven Erfahrung, einmal der objektivierenden Auskunft leiht, fungiert als ein Filter, durch den das Persönliche versachlicht und im Sachlichen das Persönliche festgehalten wird.

Schon das Arrangement dieser Sendung unterscheidet sich von dem anderer Talkshows. Auch andernorts kommt man heutzutage ohne bequeme Sofas oder tiefe Sessel aus, bei Alfred Biolek etwa sitzen die Gäste mittlerweile auf harten Stühlen, jedoch sitzt Biolek unter ihnen in einem dem Studio- und Fernsehpublikum zugewandten Halbrund. Anders bei Hans Meiser: Seine »Gäste« sitzen auf einer leicht erhöhten Reihe einfacher Stühle nebeneinander, sind also nicht einander, sondern ausschließlich dem Moderator zugewandt, der vor ihnen steht oder vor ihnen, die Reihe abschreitend, auf und ab geht. Wenn er mit seinen »Kandidaten« spricht, hat der Talkmaster das Publikum im Rücken, jenen wendet er den Rücken zu, wenn er sich dem Studiopublikum und den in ihm plazierten Experten zuwendet. Der

Aufbau ähnelt einer Zirkusarena. Die Kandidaten auf der einen, das Studiopublikum auf der anderen Seite bilden den Zuschauer-»kreis«; Hans Meiser in der Arena ist die Attraktion, der Star. Dieses Szenario prägt die Situation der Sendung. Hier soll kein Gespräch zwischen du und du geführt werden, auch kein solches inszeniert werden, eher geht es um das Abfragen bestimmter, von der Normalität des Gewöhnlichen abweichenden Eigenschaften. Die aus dem Leben gegriffenen Gäste illustrieren einen Bestand von Kenntnissen darüber, wie das Leben so spielt, den sie mit ihren Äußerungen mehr oder weniger sinnfällig illustrieren. Unverzichtbares Requisit des Talkmasters daher auch ein Stapel von Karteikarten (meist sind sie rosa), die immer dann zu Rate gezogen werden, wenn Hans Meiser eine der Kandidatinnen und Kandidaten direkt anspricht.

Dennoch hat die Show eindeutig den Anspruch, den echten Menschen in seinen echten Bedrängnissen zu Wort kommen zu lassen – und hier wie überall herrscht kein Mangel an Personen, die gerne mit ihren Sorgen und Erfahrungen im Fernsehen zu Wort kommen möchten. Der Drang zur alltäglichen Realität im Unterhaltungsfernsehen ist also nicht etwas, das einzig und allein in der Regie versierter Macher läge, ihm entspricht offensichtlich ein Drang auf Seiten der Beteiligten (und allgemeiner der Zuschauer, die alle in den Stand potentiell Beteiligter rücken), mit ihren Lebenserfahrungen und Alltagssorgen die Öffentlichkeit des Fernsehens zu nutzen. Was bewegt die Menschen zu diesem Schritt? Was bewegt die Produzenten, diesen zu ermöglichen und zu verstärken? Was bewirkt dieser Schritt für die, die ihn vollziehen und für die, die seinem Vollzug an den Bildschirmen »beiwohnen«?

Das sind Fragen, zu denen die neuen Talkshows nicht weniger motivieren als die aufwendigeren Unterhaltungssendungen, auf die ich mich konzentrieren werde. Vor allem drei Fragen sind es, die mir aus soziologischer Sicht an der ostentativen – um nicht zu sagen aufdringlichen – Realitätsorientierung des Unterhaltungsfernsehens vor allem wichtig erscheinen. Sie werden die Leitfragen meiner Betrachtung sein:

1. Warum sind viele Menschen bereit, sich mit ihren zum Teil sehr persönlichen Erlebnissen und Anliegen im Fernsehen auszustellen?
2. Warum schauen sich andere Leute solche Sendungen an, welches Vergnügen beziehen sie aus solchen Darbietungen?
3. Welcher soziale Stellenwert kommt bestimmten, zugleich inszenierten und realen Alltagshandlungen innerhalb dieser Sendungen zu?

Zur Vorbereitung der Antworten, die ich in den folgenden Kapiteln entwickeln möchte, möchte ich die Sendung mit Hans Meiser zum Anlaß nehmen, einige Vermutungen zu äußern, die vorwiegend dazu dienen, den Blick zu schärfen für die Konstellationen echter und simulierter Alltäglichkeit, die die fraglichen Sendungen bilden.

Ein wichtiger Grund für die nicht-professionellen Gäste, an Meisers Show teilzunehmen, dürfte der Wunsch sein, in ihren Erfahrungen und Sorgen öffentlich ernst genommen zu werden. Es geht den Teilnehmern um eine Objektivierung des eigenen Daseins; sie suchen ein Forum, in dem sie sich so äußern können, daß sich ihr Schicksal in einer breiteren Öffentlichkeit darstellt, ohne daß dieses Sichäußern konkrete Folgen für die eigene private Situation hätte. Es geht ihnen um eine Anerkennung der Seriosität und Exemplarität ihrer eigenen Lebensprobleme. Es geht ihnen damit um eine Form der Anerkennung, die im privaten Kontext so nicht zu haben ist: Die Beteiligten möchten in ihrer Privatheit öffentliche Anerkennung finden. Überspitzt könnte man sagen, es geht ihnen darum, beglaubigt zu bekommen, eine, wie es bei Hegel heißt, »allgemeine Existenz« zu führen, freilich nicht, wie Hegel es sich dachte, in der standardisierten und idealisierten Rolle von Familienmitgliedern und tätigen Staatsbürgern, sondern einfach so, wie sie nun einmal zufällig sind. Die Allgemeinheit – mitsamt der Anerkennung durch die Allgemeinheit – soll aus der puren Faktizität des je eigenen Soseins, dem individuellen Schicksal, dem verrückten Hobby, auch und gerade den persönlichen Idiosynkrasien kommen. Sie möchten für ihre Besonderheit, Schrägheit, das scheinbar Untypische an ihnen einen öffentlichen Segen erhalten; sie möchten anerkannt wissen, daß solche Devianzen eigentlich das Normale sind.

Bei den Zuschauern, die sich diese Sendung ansehen, darf man ein unstillbares Interesse an den Leuten, »wie sie wirklich sind«, voraussetzen; unstillbar ist es deshalb, weil jeder wieder anders ist. Darin enthalten ist das Interesse, diese anderen möglichst »unverstellt« wahrnehmen zu können, sei es auch im Rahmen einer Inszenierung dieser Natürlichkeit. Dieses leitende Interesse ist also kaum weniger paradox als das der Beteiligten, die in ihrer Privatheit die Öffentlichkeit suchen. Das Interesse der Zuschauer, so ist zu vermuten, gilt den *Leuten* im Unterschied zu den im Film, von der Werbung und den vielen professionellen Öffentlichkeitsarbeitern erzeugten *Bildern* von Leuten. Es ist aber selbst wiederum nur im Rahmen einer deutlichen Inszenierung zu befriedigen, auch wenn diese Inszenierung – etwa in der »nackten« Aufreihung der Betroffenen – gewisse Erfordernisse der »Bildlosigkeit« zu erfüllen versucht.

Was das Interesse von Beteiligten und Zuschauern verbindet, dürfte primär der Umstand sein, daß sich der Zuschauer im Betrachten dieser Sendung für *seinesgleichen* interessiert. Ausgestellt werden Menschen wie du und ich, die ein etwas anderes Schicksal haben als der Betrachter selbst – aber eigentlich so anders auch wieder nicht. Indem das Andersartige durch die Form der Sendung beharrlich an das Normale herangeführt wird, bildet sich so etwas wie ein übergreifendes Gefühl für die Devianzen der Normalität heraus. Das Normale ist nicht so normal und eben darin normal: Das ist die Botschaft, die der Gefühlsgemeinschaft der Betroffenen, des Publikums im Saal und der Zuschauer »draußen«, tagtäglich verkündet wird.

Die Situation der Sendung selbst bleibt dabei eindeutig eine außeralltägliche Situation. In einem deutlich artifiziellen Kontext wird aus privater Erfahrung berichtet und diese mehrfach kommentiert. Eine Vermischung der Sphären der alltäglichen Existenz selbst und der bekennenden oder bezeugenden Darbietung dieser Existenzen wäre hier auch ganz fehl am Platz. Denn diese Talkshow basiert wie jede andere auf der Prämisse, daß es eine Eigengesetzlichkeit der privaten Lebenserfahrung gibt, von der im Fernsehen berichtet werden kann, ohne daß dieser Bericht automatisch eine Fortsetzung dieser Erfahrung wäre. In dieser Hinsicht zeichnet sich die Sendung geradezu durch einen Respekt vor der Eigendynamik des außermedialen Alltags aus.

Die Gefahr einer Entwertung alltäglicher Lebensformen liegt eher darin, was man die falsche Autorität der Form der Sendung nennen könnte. Es wird ein Gespräch suggeriert, das keines ist, weil ein einziger – Hans Meiser – über fast jeden Redezug der Sendung bestimmt. Eine Grundbedingung dessen also, was ein Gespräch ausmacht – eine gewisse Gleichberechtigung in der Verteilung der Rederechte, ein gewisser Aushandlungsspielraum dafür, wie und worüber gesprochen wird, ist hier *unerfüllt*, nicht lediglich, wie bei anderen Talkshows, (zwangsläufig) *untererfüllt*. In einer festen und gleichbleibenden Regie wird über jedes Thema in derselben Manier gesprochen. Der betroffene Mensch wird immer auf dieselbe Art in seiner Besonderheit publiziert und damit eben nicht in seiner Besonderheit wahr- und ernstgenommen. Das allgemeine Credo, das die Sendung in ihrer formalen Gestaltung und durch die Art der Moderation verbreitet – letztlich sind wir alle Menschen wie du und ich; jeder hat seine Probleme; jedes Problem ist lösbar, wenn ihm nur die richtige Publizität zuteil wird –, erweist sich so als recht gleichgültig gegenüber denen, unter deren Mitwirkung es ausgestrahlt wird. Der ohnehin paradoxe Wunsch nach öffentlicher Anerkennung des Privatmenschen muß in diesem Rahmen notwendigerweise scheitern. Die Sendung bietet ein Gesprächsschema an, das jedoch nicht allein auf Gesprächsführung zielt, sondern auf die Suggestion, daß sich alles bei richtiger Vorbereitung und gutwilligem Zuhören verstehen und damit auch bewenden lasse. Kommunikation wird durch eine ebenso profan wie priesterlich zelebrierte Kommunion ersetzt.

Das sind Spuren einer Deutung des Realitätsfernsehens, die ich nach und nach wieder aufnehmen werde. Ein zentraler Unterschied zwischen einer realitätsorientierten Talkshow wie »Hans Meiser« und dem »harten« Realitätsfernsehen allerdings sollte noch einmal festgehalten werden. Auch diese Talkshow ist nicht im definierten Sinn »performativ«. Hier wird zwar offen über private und intime Angelegenheiten gesprochen, ohne den Anspruch jedoch, diese Angelegenheiten im Rahmen der Sendung interaktiv zu bereinigen oder diese Bereinigung selbst in die Wege zu leiten. Es handelt sich »nur« um eine verbale – und außerdem stark kanalisierte – Selbstdarbietung der Beteiligten, nicht um ein prinzipiell riskantes und folgenreiches Handeln gegenüber anwesenden Personen. Darin bleiben auch diese Talkshows hinter dem radikaleren Prinzip einer Sendung wie »Verzeih mir« zurück.

IV.
»Verstehen Sie Spaß?«

Ich beginne mit einem Fall, bei dem der Eingriff in das reale Leben noch vergleichsweise »harmlos«, d. h. ohne existentielle Konsequenzen, ist. Zwar interveniert das Fernsehen hier in die Lebenssituationen der Menschen, aber nur in eine einzelne alltägliche Situation und auch dies nur von außen. Das Fernsehteam verändert die äußeren Bedingungen dieser (mit versteckter Kamera aufgenommenen) Situationen so, daß sich einige Dinge anders verhalten, als sie es normalerweise tun. Wenn aber der Spaß vorbei ist, ist auch alles vorbei; in allgemeines Gelächter löst sich die mutwillig herbeigeführte Störung auf. Verursacher und Betroffene amüsieren sich zusammen über die Komik der ungewöhnlichen Situationen, ohne daß die normalen Situationen, geschweige denn die übergreifende Lebenssituation der Betroffenen dabei eine Veränderung erfahren.

Nicht zuletzt wegen dieser Verbindung von Drastik und Harmlosigkeit erfreut sich die Sendung »Verstehen Sie Spaß?« einer großen Beliebtheit. Seit Jahren im Fernsehen unter verschiedenen Namen von verschiedenen Showmastern moderiert. Als große Samstag-Abend-Unterhaltungsshow der ARD wurde sie früher von Kurt Felix und seiner Frau Paola und wird sie seit 1992 von Harald Schmidt moderiert. Meine folgenden Kommen-

tare beziehen sich auf die gegenwärtige – im Frühjahr 1994 eta-
blierte – Form der Sendung.[32]

1. Zur Dramaturgie der Sendung

Zentraler Bestandteil dieser Show waren immer die mit einer versteckten Kamera aufgenommenen Filmsequenzen. Ein Kamera-
team des Fernsehens, bestehend aus Mitarbeitern und dem
Moderator Harald Schmidt, ist unterwegs, meist zufällig ange-
troffenen Zeitgenossen – in jeder Sendung allerdings sind auch
mehrere Prominente vertreten – eine »Falle zu stellen«, d. h.,
eine Situation zu arrangieren, in der recht ungewöhnliche Dinge
passieren. Sei es, daß aus einem gebratenen Tintenfisch im Re-
staurant Tinte auf die Tischnachbarn spritzt oder daß ein Golfball
einmal im Loch ganz verschwindet und unauffindbar bleibt, das
andere Mal aber in hohem Bogen wieder ausgespuckt wird, oder,
daß bei Drehaufnahmen zu einer Fernsehshow plötzlich die
Springbrunnen in einer Parkanlage sich drehen und die Sängerin
naßspritzen, die gerade ein Lied singt.

Mit meist recht großem Aufwand werden Situationen hergestellt, um Leute dazu zu bringen, die Fassung zu verlieren und sie
dabei mit der versteckten Kamera zu filmen. Am Ende tritt der
Moderator in Erscheinung und löst zur Erleichterung der Betroffenen die Situation erklärend auf. Neben den prominenten
»Opfern« werden diejenigen, die sich am schönsten haben nas-

32 In anderen Programmen findet sich derselbe Sendungstyp unter anderem
Namen wieder – z. B. »Vorsicht Kamera«, früher bei Bayern 3, heute bei
SAT 1 und neuerdings auch unter dem Titel »Voll erwischt« im ZDF. Das
Verfahren freilich, das hier zum Grundprinzip eines Sendungs*typs* geworden
ist, findet sich als Element auch in vielen anderen Unterhaltungssendungen
wieder – z. B. in der Sendung »Traumhochzeit«, auf die ich unten zu sprechen komme. Überhaupt kann man sagen, daß sich die einzelnen Unterhaltungssendungen vorwiegend dadurch unterscheiden, in welchem Maß sie
einzelne Elemente, die in vielen von ihnen vorkommen, kombinieren und
gewichten.

führen lassen oder die am gewieftesten oder konsterniertesten auf die Provokation reagierten, in die Sendung eingeladen, um sich dort die auch im Fernsehen ausgestrahlte Filmaufzeichnung zusammen mit Harald Schmidt und dem Hallenpublikum anzuschauen. Als Belohnung winkt den Alltagsdarstellern ein (mehr oder weniger auf den Anlaß abgestimmtes) Geschenk und den Sängerinnen und Sängern, um die es sich bei den Prominenten in aller Regel handelt, ein Auftritt in der Sendung. Zwischen den einzelnen Filmsequenzen und den eingestreuten Showteilen plaudert Harald Schmidt ein bißchen mit den jeweiligen »Kandidatinnen« auf einem Sofa, macht Witze und »unterhält« sich mit dem Publikum im Saal.

Dieses Publikum im Saal oder im Studio bildet für jede Moderatorin und jeden Moderator ein konkretes Gegenüber, das das für ihn zwangsläufig unsichtbare Publikum, das an den Bildschirmen zu Hause sitzt, ersetzt.[33] Ein Einbezug dieses Publikums erfolgt bei den einzelnen Spielshows in unterschiedlichem Ausmaß, aber mit jeweils denselben stilistischen Mitteln. Besonders beliebt ist der »spontane« Gang in die Zuschauerreihen oder eine Umarmung einzelner Zuschauer; nicht selten werden sie auch zu »Hilfsdiensten« herangezogen, wie beispielsweise zum Festhalten von Briefumschlägen, in denen sich verschiedene Vorschläge für eine »Saalwette« finden (bei »Wetten-daß?«). Bewährte Strategie der »Beziehungsgestaltung« – also des Hervorlockens einer Publikumsreaktion wie Lachen, Beifall u. ä. – ist

---

33 Eine »Stellvertreter«-Funktion des Publikums in diesem Sinn (aus der Sicht des Moderators) erscheint mir plausibel. Völlig unplausibel finde ich jedoch die in der Literatur zum Thema vertretene Auffassung einer Umkehrung dieser Stellvertretungs-Funktion, die das Saal- oder Studiopublikum *aus der Sicht des Fernsehzuschauers* zum Stellvertreter seiner selbst werden zu lassen. Vgl. zur Kritik daran auch: H.-J. Wulff, Saal- und Studiopublikum. Überlegungen zu einer fernsehspezifischen Funktionsrolle, in: *Theaterzeitschrift*, H. 26/1988, S. 31-36. Ich stimme Wulff völlig zu, wenn er schreibt: »Das Präsenzpublikum gehört zur Show genauso wie der Showmaster und die Kandidaten. Der Zuschauer am Bildschirm wird nicht stellvertreten, sondern ihm wird ein Zuschauer gezeigt.« Ebd., S. 34.

natürlich auch die Produktion von Wortwitzen, Pointen oder »Gags«. Ein dominantes Feld sind hier Witze auf Kosten der Kandidaten, die so auf den Arm genommen werden, erotische oder politische Anspielungen sowie selbst-ironische Bemerkungen. Die Techniken sind überall dieselben; erst die Mischung macht den Moderator oder die Moderatorin.

Harald Schmidt nun wendet sich sehr häufig direkt ans Saalpublikum und fordert Reaktionen, sofern sie »spontan« ausbleiben, gelegentlich auch explizit heraus. So spielt er zum Beispiel in einer Sendung immer wieder auf seine (angebliche) »Erkältung« an – von der ansonsten nichts zu merken ist – und fordert damit das Publikum im Saal zu kollektiven Mitleidsbekundungen (in Form eines allgemeinen Raunens) auf. Solche Versuche, eine doppelbödige Kommunikation herzustellen, d. h. bewährte Mittel der Fernsehunterhaltung so zu benutzen bzw. mit ihnen zu spielen, daß der Effekt einer ironischen Distanzbildung entsteht, sind für Harald Schmidt typisch. Er ist damit einer der Vorreiter eines neuen Stils im deutschen Unterhaltungsfernsehen: Man stellt die Techniken und Klischees, die man in der Sendung benutzt, zugleich als Techniken und Klischees aus. Es gab Sendungen, die sich auf solche Verkehrungen geradezu spezialisiert hatten, etwa »Alles Nichts Oder« mit Hella von Sinnen und Hugo Egon Balder bei RTL. Gegenüber solchen primär parodistischen Sendungen agiert Schmidt zurückhaltender. Bei ihm halten sich hergebrachte und parodierte Formen der Unterhaltung die Waage; er bevorzugt den Grat zwischen beiden Kommunikationsformen, so daß oft nicht genau zu sagen ist, welche er nun gebraucht.

Daß eine solche doppelte Strategie der Rede überhaupt funktionieren kann, verweist darauf, daß Fernsehzuschauer keine verblendeten Marionetten, sondern lebendige, gegenwärtige Menschen sind, die flexibel auf die Situationen reagieren können, in denen sie angesprochen werden. Sie sind – im Saal oder vor dem Bildschirm – durchaus eines nicht-identifikatorischen Sehens fähig und können sich an der Künstlichkeit der ihnen präsentieren Situation oder Rede erfreuen. Was jemand im Fernsehen sieht, wird im übrigen nicht ausschließlich, ja nicht einmal in erster Linie von der textuellen oder der ideologischen Struktur des Gesendeten bestimmt, sondern mindestens ebenso von der sozialen Situation, in der sich derjenige befindet, der gerade fernsieht.[34] Nur auf dieser Prämisse kann der Versuch eines Moderators wie Schmidt, mit ein- und derselben Äußerung diverse Publika anzusprechen, überhaupt funktionieren.

Diese Adressaten unterscheiden sich aber nicht einfach nach dem Schema »dummes Volk« auf der einen und »gescheite Intellektuelle« (sprich Fernsehkritiker) auf der anderen Seite. Entscheidend dafür, welche »Lesart« einer Äußerung oder einer ganzen Fernsehsendung gewählt wird, ist vielmehr immer die soziale Situation des Betrachters insgesamt.[35] Hier ist nahezu auf allen Seiten mit gemischten Verhältnissen zu rechnen: Nicht nur ist das Publikum (im Saal und zu Hause) ein diverses, die einzelnen Zuschauer haben selbst ein diverses Interesse: sie möchten mitgerissen und herausgerissen werden, sie möchten, je nachdem, mitleiden oder mitlachen – nicht selten auch: mitleiden *und* mitlachen – können.

Wenn der Moderator zum Beispiel ankündigt, daß die folgenden Filme auf Mallorca gedreht wurden, und er diese Gelegenheit nutzt, die »korrekte« Aussprache und die schwäbische Variante nicht nur mehrmals zu wiederholen und gleichzeitig die schwäbische Variante als die »korrekte« zu bezeichnen, so spielt er hier

---

34 Dies zeigen diverse ethnographische Studien von Fernsehzuschauern, die den Beleg dafür liefern, daß die Zuschauer durchaus in der Lage dazu sind, die für sie aktuell dominanten Bedeutungen auch den Fernseh»texten« zuzuschreiben. Vgl. z. B. D. Morley, *The Nationwide Audience: Structure and Decoding*, London: British Film Institute, 1980; ders.; *Family Television*, London, 1986; J. Fiske, *Television Culture*, London/New York/1989; A. Keppler, *Tischgespräche*, a. a. O., insbes. Kap. IV.

35 Dazu gehört unter anderem die konkrete Situation der Betrachtung: Bei einer gemeinsamen Betrachtung einer Fernsehserie zum Beispiel im Fan- oder Freundeskreis wird das kontemplativ-sichversenkende Moment ganz zwangsläufig zurücktreten zugunsten einer distanzierteren Kommentierung.

wie an anderer Stelle auch mit gängigen Stereotypen. Er macht diese sichtbar, ohne sie aus dem Verkehr zu ziehen. Er selbst behauptet von sich denn auch: »Alles was auch immer ich sage, besitzt eine doppelte Ebene. Das schlichte Gemüt denkt: ›Der Mann hat recht‹, und der Rest lacht. Ich sage ja auch: ›Wir von der älteren Generation hören nicht so gerne diese laute englische Musik.‹ Und dann spielen wir sie.«[36] Ob es diesen schlichten Mann gibt und wo er zu finden sein mag, möchte ich dahingestellt sein lassen; richtig ist, Schmidts Moderation lebt wie kaum eine andere von einer Mischung zwischen der anbiedernden Einhaltung von Konventionen und Klischees und dem provozierenden Spiel mit ihnen. So wenn er zum Beispiel Leserbriefe zitiert, in denen sich Leute darüber beschweren, daß er jugendliche Fernsehzuschauer mit »Hey kids« begrüßt habe und dies zum Anlaß nimmt, darüber zu schwadronieren, was denn das deutsche Äquivalent zu dieser Anrede sein könnte, um schließlich bei der Floskel »Liebe Geschlechtsreife« zu landen – deren Billigkeit er sich vorab beim Justitiar der Sendeanstalt habe bestätigen lassen. Im Anschluß daran äußert er die Vermutung, bei dieser Sendung würden besonders viele Zuschauer zuschauen, da ein für denselben Abend angekündigtes Konzert der Sängerin Madonna abgesagt worden sei (gegen das sich in CDU-Kreisen Bedenken wegen jugendgefährdender Obszönität erhoben hatten). »Für uns von der älteren Generation« erklärt er dann, daß Madonna eine Sängerin sei, die nur englisch und dazuhin noch laut sänge und in Unterwäsche auf die Straße ginge. »Unsere jungen Menschen kaufen Platten von einer amerikanischen Sängerin mit gefärbten Haaren, die in Unterwäsche auf die Straße geht. Jemand wie ich, der noch Anstand gelernt hat, schämt sich dafür, so sind die Menschen heute.« Im Übergang zum nächsten Thema wird das so stehengelassen, und der Zuschauer bleibt mit dem doppelten Boden allein.[37]

36 Zitiert aus einem Interview, in: *die tageszeitung* vom 30. 1. 1993, S. 18.
37 Sendung vom 2. 10. 1993.

Die Art der arrangierten und mit versteckter Kamera gefilmten Szenen variiert stark, und manche der unfreiwilligen Zurschaustellungen erwecken nicht nur beim Betrachter Schadenfreude, sondern auch beim »Verursacher« Mitgefühl, wenn nicht gar Mitleid. Dies insbesondere in solchen Fällen, in denen besonders gutmütige Zeitgenossen und -genossinnen in die Rolle des Opfers geraten. Zum Beispiel im Falle von Frau Luise Habekost, die in einer Metzgerei mit einer Bratwurstabfüllmaschine zu kämpfen hat. Sie wird, als sie ihren Auftritt in der Sendung hat, vom Moderator denn auch folgendermaßen begrüßt:

> **Moderator**: Sie glauben gar nicht, wie erleichtert ich immer bin, wenn ich merke, daß unsere Kandidaten unten – wir schauen uns den Film unten auf einem kleinen Monitor an – daß sie lachen. Sie sehn ihn ja zum ersten Mal.
> **Kandidatin**: Ja!
> **M**.: Ja? Und sie können das wirklich lustig finden?
> **K**.: Ja klar (lacht).
> **M**.: Da sind wir immer sehr beruhigt, weil wir denken – denn manchmal isses ja vielleicht ein bißchen hart. – Das war ihr erster Tag in dieser Firma?

In derselben Sendung[38] wird kurz darauf ein anderer »Mitspieler« dann so begrüßt:

> **Moderator**: Herr Nemec, vielen Dank, daß Sie ganz speziell heute Abend gekommen sind. Sie sind Portugiese, leben aber sehr lange schon, lange bei uns in Deutschland. Wie lange schon?
> **Kandidat**: Schon lang.
> **M**.: Sehr lange ja. Sprechen auch wirklich prima deutsch und das ganz Tolle, was ja für uns wirklich immer der Traum ist, wenn wir da sitzen mit der versteckten Kamera – und auch überhaupt wie temperamentvoll Sie reagiert

38 Sendung vom 2. 10. 1993

haben. – Richtig so noch aus sich rausgegangen. – Sind
Sie privat auch – Ihre Frau ist auch mit hier heute abend,
die wirkte ja sehr sehr zierlich und und sehr — so daß Sie
sie eher beschützen. Sind Sie da auch so temperamentvoll
privat?
K.: Nee, zu Hause bin ich ganz lieb, ne?
M.: Jaahh, richtich schmusig, ne? (Lachen des Publikums) Nur im Dienst, ja, wenn so jemand einem so
kommt, dann werden Sie schon mal richtich sauer.
K.: Nee, das kann man nicht sagen, ne dieses war so
speziell, ne.
M.: Ja, aber sind ja immer noch höflich geblieben, zwar
sehr temperamentvoll ja, aber –
K.: Selbstverständlich.
M.: Aber nicht richtig ausgerastet. Für uns ist das wirklich ganz toll, wenn jemand mal so richtig, wie man sich –
wie man sich so bei uns so richtig den Südländer vorstellt,
ja – die Südeuropäer, ja?

Der so eingeführte Herr Nemec war zum Beispiel nicht bereit,
den angeblich von ihm verschmutzten weißen Teppichboden
eines Büros, in das er als Taxifahrer einen Brief überbracht hatte,
mit dem Staubsauger wieder zu reinigen. Daß so etwas im Zwei-
felsfall die Aufgabe einer Sekretärin, aber keineswegs eines Taxi-
fahrers sei, brachte er unmißverständlich zum Ausdruck. Moderator Harald Schmidt aber lobt beides: auf der einen Seite die
Geduld der Aushilfs-Küchenhilfe (die es gewohnt ist, herumge-
schubst zu werden), auf der anderen Seite die Ungeduld des Taxi-
fahrers (der es mit seiner Ehre als Mann für unvereinbar hält,
einen Staubsauger in die Hand zu nehmen), die als besonders
»telegen« gepriesen wird. Bei der Anspielung darauf, daß dies
auch den gängigen Vorstellungen entspreche, die man sich »bei
uns« von einem »Südländer« mache, geht allerdings die vom Moderator an anderer Stelle erfolgreich praktizierte »Doppelbödigkeit« der Rede verloren. So werden hier Rollenklischees gleich

in mehrfacher Hinsicht bestätigt: das von der Geduld der Frauen, das vom »starken Mann« und nicht zuletzt das vom »temperamentvollen Südländer«.

Insgesamt lebt die Sendung gleichermaßen von den mit versteckter Kamera aufgenommenen Situationen wie von dem Unterhaltungstalent des Moderators. Dessen mit jeder Sendung wachsende Prominenz ist wiederum ein Unsicherheitsfaktor in den arrangierten Situationen selbst, da es hierbei immer auch um das Erkennen oder Nicht-Erkennen des (in der Rolle des Provokateurs und/oder Retters) auftretenden berühmten Zeitgenossen geht. Auf dem bereits erwähnten Mallorca zum Beispiel wurden unter anderem Touristen gebeten, vor entsprechender Kulisse (blauer Himmel, Sonnenschein, Meer, blühender Rhododendron) »Mohrenköpfe« zu verzehren und dabei den Satz »Mallorca Mohren schmecken Spitze« mit Begeisterung in die Kamera zu sprechen. Aufgrund der Hitze verändert sich der Zustand der schokoladenüberzogenen »Mohrenköpfe« schnell, und die geplagten Touristen sind zumeist bald nicht mehr bereit, noch mehr davon in sich hineinzustopfen. Am ausdauerndsten dabei ist ein Paar, bei dem der Mann derjenige sein soll, der seiner Partnerin die Süßigkeit füttert. Er ist es auch, der zum Durchhalten drängt und so nicht aufhört, seine Partnerin mit immer wieder neuen Mohrenköpfen zu bedienen, bis Harald Schmidt seine Verkleidung ablegt und sich zu erkennen gibt. Allerdings, so erzählt die Frau in der späteren Sendung, hätten sie und ihr Partner zu diesem Zeitpunkt noch nicht »realisiert«, wessen Opfer sie da gewesen seien; dies sei ihnen erst später »bei einem Bier« klargeworden. In einer Situation wie *dieser* also kann es schon einmal zu gewissen Verwechslungen der Ferienwirklichkeit mit der Fernsehwirklichkeit kommen.

Bei dieser Sendung stellt sich die Frage »Warum machen die Leute das?« anders als bei Sendungen wie »Traumhochzeit« oder »Verzeih mir« (oder auch einer Talkshow). Denn die Betroffenen werden hier ja nicht vorher, sondern erst hinterher über ihre »Rolle« aufgeklärt, und da gilt unter alltagspragmatischen Gesichtspunkten wohl zunächst einmal, »gute Miene zum bösen Spiel« zu machen. Im Falle der betroffenen Prominenten ist ohnehin der Fernsehauftritt als Gratifikation Anreiz genug, zumal meist gerade eine Tournee ansteht oder eine neue Platte auf dem Markt ist.

Im Falle der Menschen »wie du und ich« ist die Antwort nicht ganz so einfach. Diese fühlen sich nicht selten auf der Couch deutlich unwohl, so zum Beispiel ein junger Mann, der einer ebenfalls jungen (und attraktiven) Dame, die mit ihrem Auto eine Reifenpanne simulierte, gerne behilflich sein wollte, im Schweiße seines Angesichts versuchte, das Rad zu wechseln, sich dabei auch noch ziemlich ungeschickt anstellte, und zu guterletzt von der hilfsbedürftigen Frau »sitzengelassen« wurde, als diese mit einem als »Lockvogel« agierenden Cabriolet-Fahrer einen Kaffee trinken fuhr. Da ist es nicht so einfach, gute Miene zum gemeinen Spiel zu machen. Ähnlich in einem anderen Fall, als das »Verstehen Sie Spaß?«-Team Skifahrer dazu nötigt, sich fotografieren zu lassen, damit ihnen ein Skipaß ausgestellt werden könne, und der Fotoapparat angeblich seine Dienste verweigert, weil die Leute »zu häßlich« oder »zu sexy« aussehen bzw. die Frisur »zu altbacken« sei.[39] Eine der unfreiwilligen Versuchspersonen wird genötigt, mehrere Minuten lang den Kopf bewegungslos durch ein kleines Fenster zu strecken, was sie auch bereitwillig tut. Als Gast in der Sendung hat dieser junge Mann ganz offensichtlich Probleme mit seiner törichten Rolle; dies wird von Schmidt explizit thematisiert, so daß dem Betroffenen nur die Flucht nach vorn bleibt. Er behauptet, er habe sich schon in der Situation gedacht, daß das Ganze ein Spaß sei – was vermutlich niemand, der die Filmsequenz gesehen hat, auch glauben wird.

Denn ein Spaß war es ja auch nicht, für ihn. Von den Kandidaten wird verlangt, einen Spaß, den sie selbst nicht unbedingt hatten, im nachhinein als Spaß zu verstehen. Sie sollen verstehen, daß andere einen Spaß mit ihnen hatten, und sich nun einreihen

---

39 Eben jene Dame erscheint dann auch in der Sendung mit völlig neuer Frisur!

in die Reihe dieser anderen. Freilich sind sie die einzigen, die dabei über sich selbst lachen müssen; den anderen ist es vergönnt, über andere lachen zu können. Es hätten aber genausogut diese anderen – die Zuschauer im Saal und zu Hause – in eine der komischen Fallen geraten können. Nur dieses gemeinsame Band zwischen den Opfern und den Voyeuren des komischen Vergnügens – das Wissen: den anderen wäre es kaum anders ergangen – macht es den Betroffenen leicht, sich freimütig zu ihren mehr oder weniger gutgläubigen Handlungen und Reaktionen zu bekennen. Für diejenigen, die sich öffentlich dazu bekennen wollen und die darum gebeten werden, es zu tun, kommt dann hinzu, daß ihre mißliche Lage mit einem Fernsehauftritt belohnt wird. Im Fernsehen bloßgestellt zu werden aber ist eine Ehre, ähnlich wie es im Alltag eine – wenn auch zweifelhafte – Ehre sein kann, Held oder Heldin einer immer wieder erzählten Geschichte zu sein, in der man selbst nicht allzugut »wegkommt«. Hier gilt das Gesetz: Auch wer zum komischen Helden wurde, ist einmal zum Helden geworden. Auch durch seine Schwächen kann man sich hervortun – das ist die Einsicht, die die Sendung ihren Gästen verschafft. Darin liegt die televisionäre Botschaft, die diese Show mit vielen anderen Sendungen teilt: Es ist unsere (und unserer tollen Moderatoren) Stärke, Euch in Eurer Schwäche stark sein zu lassen.

In diese egalitäre Botschaft werden auch viele der Zuschauer einstimmen können. Dennoch ist ihre Position von derjenigen der unfreiwilligen Probanden durchaus verschieden. Sie beziehen ein Großteil ihres Vergnügens aus dem Wissensvorsprung, der ihnen bei der Betrachtung der mit versteckter Kamera aufgenommenen Episoden eingeräumt wird. Spielt zum Beispiel vor Udo Lindenberg, der gerade bei seinem Hamburger »Lieblingsitaliener« beim Essen sitzt, eine Band auf, die einen seiner Songs mehrmals hintereinander in nervtötender Manier intoniert, so kann der Zuschauer – durch eine entsprechende Kameraführung mehrfach darauf hingewiesen – Harald Schmidt als einen der Gitarristen in bizarrer Verkleidung erkennen, während die Szene natürlich davon lebt, daß dem Herrn Lindenberg genau dies nicht gelingt. Das Vergnügen, das aus einer solchen Sequenz zu ziehen ist, ist sicher zum einen ein Vergnügen, das daraus resultiert, zu sehen, wie Udo Lindenberg die Fassung verliert, bzw. darüber zu spekulieren, wann er sie verlieren wird. Es ist aber gleichzeitig ein Vergnügen daran zu sehen, in welcher Verkleidung es »denen vom Fernsehen« gelingt, die Leute »hinters Licht« zu führen, und daran, wie »schön« ein verkleideter Harald Schmidt mal wieder aussieht. Man weidet sich an der Desorientierung, Irritation, Verzweiflung, Aggression der anderen und bewundert die Art, in der diese Desorientierung durch die Regie zustande gebracht wurde.

Was dabei genossen wird, ist die relative Verläßlichkeit der alltäglichen Situationen, die nicht durch die bösen Geister des Fernsehens entstellt worden sind. Auch hier nämlich ist die Normalität des alltäglichen Lebens das eigentliche Thema. Die Sendung handelt von dem objektiv fragwürdigen, subjektiv aber ganz unvermeidlichen Weltvertrauen der Leute, die nicht glauben können, daß ein Golfball einfach im Loch verschwindet, die Tür des Telefonhäuschens nicht wieder aufgehen will, die Brätmasse nicht aufhört, aus der Wurstmaschine zu quellen, usw. Der Ausruf: »Das kann doch nicht wahr sein!« bezeichnet die Ursituation, um die es geht. Diese ist aber keine andere als die normale Lebenssituation, in der sich plötzlich ein unerklärlicher (mechanischer oder sozialer) Defekt einstellt. Es ist »unser aller« Situation, die plötzlich – milde – aus den Fugen gerät. Wir sehen die Beteiligten – milde – die Fassung verlieren, weil die Welt ein kleines Stück ihrer Fassung verloren hat. Sobald wir darauf mit Lachen reagieren, haben wir, in unserer gesicherten Position, an dieser Fassungslosigkeit selbst teil. Ist doch das Lachen die erfreulichste Weise, die Fassung zu verlieren. Im Lachen erfolgt hier durchaus so etwas wie die Anerkennung des Mißgeschicks der anderen. In dieser Anerkennung schließt das schadenfrohe Lachen *über* die anderen durchaus auch ein Element der Anerkennung *der* anderen mit ein: daß sie auf Normalität genauso angewiesen sind wie wir selbst, die sie im Rang der Zuschauer genießen.

Die von den Spaßmachern herbeigeführte außeralltägliche Situation wird so zum Anzeiger einer Alltäglichkeit, die Teilnehmer und Betrachter verbindet. Diese Alltäglichkeit verdankt sich selbst keiner höheren Regie; sie behauptet sich vielmehr gegen den punktuellen Eingriff von außen. Die komische Situation entsteht immer aus der Verfremdung einer normalen Situation. Nur wenn das erkannt wird, kann es zu den intendierten Lachern kommen. Die Differenz von pragmatischer Alltagswelt und inszenatorischer Medienwelt wird also hier nicht nur vorausgesetzt, sie wird ausdrücklich bestätigt. Selbst im Fall jener Sängerin, die glaubt, für eine Fernsehsendung aufgenommen zu werden, während sie von einem tückischen Springbrunnen beregnet wird, hält sich diese Differenz eindeutig durch. Sie glaubt, sich in einer für sie normalen Arbeitssituation zu befinden, und befindet sich doch ganz woanders. Die Form des Realitätsfernsehens jedenfalls, das mit Ein- und Übergriffen in bestimmte alltägliche Situationen operiert, kann es nicht sein, das die Grenze zwischen realer und medial inszenierter Situation verwischt: denn mit dieser Grenze verschwände die ganze Sendeform selbst.

2. Kommunikative Verarbeitung

Wie es mit dem Unterschied zwischen gesendeter und gelebter Situation steht, läßt sich besonders gut an Gesprächen über Sendungen des Fernsehens erkennen, wie sie im heutigen Alltag gang und gäbe sind. Das Lachen (oder das Ausbleiben des Lachens) ist beileibe nicht die einzige Form der Verarbeitung einer Sendung wie »Verstehen Sie Spaß?«. In alltäglichen Gesprächen, in denen Medienereignisse unterschiedlichster Art gerne rekonstruiert und besprochen werden, geben Fernsehsendungen häufig Themen vor, die auf gemeinsames Interesse stoßen. Dabei interessiert die Zuschauer neben der Rekonstruktion amüsanter

Details immer wieder auch die »Gemachtheit« einer Sendung. So wurde zum Beispiel eine Szene, in der Thomas Gottschalk Opfer eines solchen Scherzes war und darauf gar nicht erfreut reagierte, in einer Unterhaltung beim familiären Mittagessen folgendermaßen kommentiert.:

> **Franz**: Dann mußt du es ihm aber zugute halten, daß er das alles zeigen läßt.
> **Helmut**: Ja, aber das hat er ja erst im Nachhinein, vorher hat er es ja auch nicht gewußt.
> **F**: Ja sicher, die dürfen sich ja die Filme vorführen lassen und alles was ihnen nicht paßt, rausschneiden.
> **H**: Ja ja, die können sagen ich will das nicht.
> **F**: »Die müssen das vorher zeigen. Und dürfen nur das veröffentlichen mit dem du einverstanden bist. Und dann ist es aber immer noch gut, wenn er das veröffentlichen läßt.

Dies ist kein singulärer Akt. Wie eine Vielzahl von Aufzeichnungen von Unterhaltungen von Fernsehzuschauern zeigt, wird immer dann, wenn die Medieninhalte eigenständige Gesprächsthemen bilden, auch ihre *Machart*, ihr »Kunstcharakter« reflektiert. Auch dies spricht gegen die These von einer Vermischung der Wirklichkeiten. Zuschauer sind durchaus in der Lage, die Darstellungskonventionen von Beiträgen wahrzunehmen; im Durchschauen ihrer Konstruktionen liegt sowohl eine Möglichkeit kritischer Erkenntnis wie spielerischer Unterhaltung. Die Frage, »Wie die das gemacht haben«, beschäftigt Zuschauer beim Anblick bestimmter Szenen, die mit einer versteckten Kamera aufgenommen wurden, ebenso wie die nach den spezifischen Bedingungen der medialen Darstellung. Das ist kein Wunder, gehört doch bereits zum schlichten Gefallen an solchen Sendungen immer beides: nicht nur Erheiterung über die Art des Hereinfallens der Betroffenen, sondern auch Anerkennung der Art und Weise, in der die komische Falle gebaut wurde. »Auf die Idee zu kommen!«, heißt es dann: eine Reaktion, die niemandem in den Sinn kommt, wenn er – »in der Wirklichkeit« – einen Metzgerladen oder eine Pizzeria betritt.[40]

So zeigt die Diskussion um die Sendung »Verstehen Sie Spaß?«, daß das Interesse an den genasführten Fernsehstars durchaus mit einem genauen Blick für das Zustandekommen der betreffenden Produktionen koexistieren kann. Daß dies kein Zufall ist, wird bei einem vergleichenden Blick auf andere Beispiele, in denen in Unterhaltungen über Medienereignisse gesprochen wird, rasch deutlich.[41] Wo immer ein Medienprodukt im Rahmen konversationeller Vergegenwärtigung vorgestellt wird, wird nicht allein über den Inhalt, sondern zugleich (wenn auch in sehr unterschiedlichem Maß) über die Machart der betreffenden Erzeugnisse gesprochen. Die Form ihres Gemacht-seins macht Fernsehsendungen wie Filme über ihre je konkreten Inhalte hinaus interessant – bei einem Film wie »Jurassic Park« tritt das nur in den Vordergrund. Subtilität spielt dabei in der Regel keine Rolle. Im alltäglichen Gespräch über Vorkommnisse in den Medien geht es nicht um feinsinnige ästhetische Interpretationen, es zeigt sich vielmehr ein oft ganz selbstverständliches Bewußtsein der Tatsache, daß Medienerzeugnisse künstliche Produkte sind, die einem bestimmten Kalkül entspringen, das man gutheißen oder ablehnen kann.

Dieses Faktum ist von allgemeiner Bedeutung über die zunächst betrachtete Sendung hinaus. Es verweist darauf, daß die Wirkungen des Fernsehens nicht so »taktil«, somatisch und solip-

---

40 Hier könne einer mit der ethnologisch geschulten Bemerkung kommen, objektiv gesehen sei der Metzgerladen (und jedes andere vertraute soziale Interieur) so bizarr wie die Situationen, die von den Fallenstellern eingerichtet werden. Das verfängt aber nicht – denn Basis der künstlich hergestellten Situationen ist eben die in der Alltagswelt der Beteiligten *vertraute* Situation, die entscheidende Veränderungen erfährt. Dieses lebensweltlich jeweils *bewährte* Weltvertrauen ist der heimliche Gegenstand der Sendung, ganz egal, worin und woran es sich bewährt haben mag.

41 Zum Kontext der Diskussion über »Verstehen Sie Spaß?« und zu anderen Beispielen, s. A. Keppler, *Tischgespräche*, a. a. O., Kap. IV.: »Der Gesprächsstoff der Medien.«

sistisch eintreten, wie das die postmodernen Deuter gerne hätten. Wo das Fernsehen nicht zur letzten sozialen Zuflucht vereinzelter Individuen geworden ist – wie es bei der großen Mehrheit der Benutzer nicht der Fall ist –, verläuft die Rezeption der Sendungen neben dem somatischen und empathischen Reagieren wesentlich als ein *kommunikativer* Prozeß, der sich sowohl während des Sehens als auch nach ihm abspielen kann. Alle Beiträge des Fernsehens als eines öffentlichen Mediums sind mögliche Gegenstände der Rede und stehen somit in der potentiellen Distanz eines Themas der Rede – und dies oft genug während ihrer Sendung selbst. Zwar werden nicht alle Sendungen gleichermaßen zu interessanten kommunikativen Themen – diejenigen aber, von denen hier die Rede ist, werden es allemal. Sie könnten sich an ihrer Programmstelle gar nicht halten, wenn sie es nicht nach jeder Sendung würden – gestützt durch Zeitungen und Zeitschriften, die über das Medienereignis berichten. Eine hohe Einschaltquote erreichen überhaupt nur diejenigen Sendungen, die für Gesprächsstoff im Alltag sorgen, nicht umgekehrt. Einschaltquoten mögen in den Etagen der Anstalten ein wichtiges Thema sein, für die normalen Benutzer sind es die Sendungen selbst: Es wird eingeschaltet nicht zuletzt, weil die Sendung ein solches Thema ist. Der Erfolg der Sendung ist immer ein Erfolg des alltäglichen Darübergesprochenwerdens. In diesen Gesprächen, das läßt sich empirisch einwandfrei zeigen, kommen alle die Differenzen vor und spielen eine wichtige Rolle, von denen die Künder des Medienzeitalters behaupten, es gäbe sie nicht länger wirklich mehr.

Die Tatsache, daß die Produktionen der Medien auf eine vielfältige Weise in das alltägliche Gespräch Eingang finden, ist aber eher ein Indiz für eine strukturelle Grenze ihrer Macht als für die Unbegrenztheit ihres Einflusses. Denn die Gesetze dieser Kommunikation sind eigener Art. Hier kann nichts einfach übernommen werden, was nicht auf die eine oder andere Weise untereinander abgeklärt worden ist. Eine starke Wirkung hat hier nur, was im intersubjektiven Kreis – und d. h. auch: im Rückgriff auf unterschiedliche Voraussetzungen des Wissens – angeeignet werden kann; dieser Vorgang enthält aber immer zugleich Möglichkeiten der Distanzierung und Modifikation. Die Wirkung der Massenmedien hängt im Alltag von der Kraft und Form ihrer kommunikativen Aneignung ab.

Ein weiteres kommt hinzu. In der Art und Weise, wie darüber im privaten und halböffentlichen Kreis gesprochen wird, besteht kein prinzipieller Unterschied zwischen sogenannter hoher und sogenannter trivialer Kunst, zwischen »Unterhaltung« und den Sendungen »mit Anspruch«. Vergleicht man nämlich Gespräche über Unterhaltungssendungen im Fernsehen (oder gar über Fernsehserien) mit Gesprächen über »anspruchsvolle« Literatur oder Filme, so zeigt sich, daß es hier keine gravierenden *strukturellen* Unterschiede der Themenbehandlung gibt. Wohl werden nicht alle Themen auf die gleiche Weise behandelt, wohl finden sich durchaus relevante stilistische Unterschiede in den Formen der Vergegenwärtigung der unterschiedlichen kulturellen und kulturindustriellen Produkte. So lassen sich stärker berichtend-belehrende von vorwiegend komemorativ-imitierenden und primär diskursiv-interpretierenden Gesprächsformen unterscheiden. Allen Formen gemeinsam ist aber, daß Medieninhalte dann, wenn sie als eigenständige Themen in Unterhaltungen Eingang finden, nicht nur nacherzählt, sondern auch kommentiert und erklärt, interpretiert und bewertet, verdammt oder heiliggesprochen werden. Auch wenn die Produkte, um die es dabei geht, selbst keineswegs auf Reflexion angelegt sind, heißt das noch lange nicht, daß solche Reflexion – über die Machart, die Ideologie, die Rezeption dieser Produkte – in der gesprächsweisen Verarbeitung im Alltag ausbleibt.

Wie die Rezeption faktisch ausfällt, ist grundsätzlich offen: es hängt sowohl von den Produkten als auch von den individuellen und sozialen Situationen des Gebrauchs der Sendungen ab. Diese Offenheit der Rezeption verdient festgehalten zu werden und mit ihr der Umstand, daß die Zuschauer nicht durch das Medium determiniert sind, wie es das Modell der Höhlensituation vorsieht. Selbst dann nämlich, wenn in der konkreten Situation der Rezeption massenkultureller Erzeugnisse ein undistanziertes Sich-Vereinnahmenlassen vorherrschen sollte, hieße das noch lange nicht, daß ein solches Vereinnahmt-werden oder Sich-vereinnahmen-lassen für die Rezeption insgesamt konstitutiv ist. Denn die kommunikative Verarbeitung von Medieninhalten im Gespräch zeigt vielmehr, daß der *Umgang* mit dem medialen Geschehen bei aller Beeinflussung und Begeisterung oft zugleich distanzierter und distanzierender ist – wenn es nicht ohnehin, wie bei »Verstehen Sie Spaß?« mit Harald Schmidt, die Sendungen selbst sind, die das Spiel von Distanzierung und Vereinnahmung ostentativ spielen. Solange diese Spannung zu den Erzeugnissen der Massenkultur auch dort besteht, wo sie nicht in ihren Produkten selbst angelegt ist, und solange sie außerdem als Spannung zwischen Vereinnahmung und Distanzierung in vielen ihrer Produkte besteht, gibt es keinen Grund, das Vergnügen, das sie vielen bereiten, im Stil der »Dialektik der Aufklärung« als »Massenbetrug« zu qualifizieren. Es besteht aber auch kein Grund, pauschal alles und jedes im Fernsehen – und das Fernsehen im ganzen – gutzuheißen, nur weil viele der einzelnen Sendeformen für ein nichtdeterminierendes, nicht-manipulatives Gesehenwerden offen sind. Diese Offenheit könnte immerhin selbst noch ein Mittel sein, mit dem das Fernsehen längst begonnen hat, unseren Reaktionsspielraum durch seine Spielregeln zu besetzen. Sehen wir also weiter zu.

V.
»Traumhochzeit«

Mit der Sendung »Traumhochzeit«, moderiert von der Holländerin Linda de Mol, kommen wir den in Kapitel III bezeichneten neuen Realitäten ein gutes Stück näher. Während die Episoden in »Verstehen Sie Spaß?« aus äußeren Eingriffen in banale Alltagssituationen resultieren, bezieht sich der »Eingriff« des Fernsehens hier – wie es scheint – auf eine entscheidende Lebenswende der Beteiligten selbst: Im Rahmen der Sendung werden »echte« Heiratsanträge als Film eingespielt, und es wird »echt« geheiratet. Das ist relativ neu. Während es die Sendung »Verstehen Sie Spaß?« in dieser bzw. in ähnlichen Formen schon seit den siebziger Jahren im Programm der ARD gibt, wurde die Sendung »Traumhochzeit« zum ersten Mal am 19. Januar 1992 ausgestrahlt. Sie ist seitdem – mit Unterbrechungen – im Programm des Privatsenders RTL zu sehen. Sie wird immer am Sonntagabend von 20.15 – 21.45 Uhr ausgestrahlt, also zur »besten« Sendezeit am Abend – allerdings nicht am klassischen Sendeplatz der »großen Unterhaltungsshows« der öffentlich-rechtlichen Fernsehanstalten, dem Samstagabend.

1. Zur Dramaturgie der Sendung

Laut Linda de Mol geht es in der Show darum, daß hier »ein Verliebter seinem Partner einen Heiratsantrag macht, ohne daß der damit rechnet. Und das Ganze wird von einer versteckten Kamera gefilmt. Danach spielen drei Paare gegeneinander und am Ende wird das Siegerpaar vor laufender Kamera getraut.«[42] In ihrer gegenwärtigen Form wird »Traumhochzeit« im Unterschied zu den Folgen der ersten Staffel[43] von den folgenden Elementen dominiert: Heiratsantrag, versteckte Kamera, Wettspiele um Punkte und Trauungszeremonie. Dies sind die Hauptelemente der Show, die im folgenden etwas genauer beschrieben werden sollen.

Die Sendung beginnt nach der Begrüßung durch die Moderatorin mit einer Filmeinspielung, die das erste Kandidatenpaar vorstellt und zwar dabei, wie einer der Partner den anderen darum bittet, ihn zu heiraten. Im Unterschied zu anderen mit versteckter Kamera aufgenommenen Situationen, wie sie zum Beispiel in der Sendung »Verstehen Sie Spaß?« gezeigt werden, ist hier jedoch nur einer der Beteiligten ohne sein Wissen Akteur eines Films, der andere agiert als ein Semi-Profi, er spielt sich selbst. Dem Titel der Sendung entsprechend findet die Antragsszene, mit massiver Unterstützung von der Fernsehproduktionsgesellschaft, in mehr oder weniger märchenhaftem Ambiente statt. Ob der Kopf des Bittstellers plötzlich in der Glaskugel einer

---

42 L. De Mol (Hg.), Traumhochzeit, Heiraten mit Phantasie, Düsseldorf 1992, S. 10, zitiert nach J. Reichertz, »Ich liebe, liebe, liebe Dich«, Zum Gebrauch der Fernsehsendung »Traumhochzeit« durch die Kandidaten, in: Soziale Welt, H.I. 45 Jg. 1994, S. 100.

43 Weggefallen ist mittlerweile zum Beispiel das sog. »Liebesduett«, während ein Spiel mit versteckt gefilmten Szenen, in denen die jeweiligen Kandidaten agieren, zum festen Bestandteil der Sendung wurde. Dieses Spiel kündigt Linda de Mol z. B. am 20.3.1994 mit den folgenden Worten an: »Ich nehme an, die Zuschauer wissen es nach 9 Folgen nun, wie das Spiel geht, so, ich brauche das nicht mehr zu erklären.«

Wahrsagerin auf dem Jahrmarkt leibhaftig erscheint oder die um die Hand des Partners Bittende plötzlich in einem Lotus Super Seven auf einem Schrottplatz bei Nacht vorfährt – mit einem »Nein« hat laut Linda de Mol noch keiner der Gefragten reagiert.[44] Auf die mehr oder weniger eloquent vorgebrachte Bitte um Heirat und die darauf folgende Annahme des Antrags folgt jedesmal eine innige Umarmung der Liebenden.[45]

Solchermaßen per Filmaufzeichnung eingeführt, erscheinen die beiden dann »leibhaftig«, eine Treppe herabschreitend, im Fernsehstudio vor Linda de Mol; die Schar der Gäste im Studio wird durch die Gruppen der Angehörigen und Freunde der drei Paare gebildet. Meist noch von den Anzeichen ihrer – diesmal vom Betrachten des Videos herrührenden – Rührung geprägt, tritt das erste Brautpaar nun »offiziell« vor die Fernsehkameras, um sogleich das erste Spiel zu spielen, nämlich in der computeranimierten Veränderung ihrer eigenen Portraits die Züge einer »Very Important Person« wiederzuerkennen.

Nachdem dieser Ablauf dreimal wiederholt wurde, sind die drei Paare, die an einem Traumhochzeitsabend um die Gunst einer Fernsehtrauung kämpfen, vorgestellt und die zweite Runde

44 Wie Jo Reichertz aufgrund von Interviews mit Paaren, die an der »Traumhochzeit« teilnahmen, berichtet, stammen die Ideen zu solchen Anträgen nicht immer von den Kandidaten selbst, sondern auch von der von RTL beauftragten Münchner Produktionsfirma »bite TV«, die im Auftrag von RTL auch die Vorauswahl geeigneter Kandidaten und Kandidatinnen trifft. Auch wenn die Idee zum Heiratsantrag von den Beteiligten stammt, so ist an der Ausführung der Idee zweifellos immer »bite TV« entscheidend beteiligt.

45 In der letzten Sendung des Jahres 1994 am 3.4. kommentiert Linda de Mol die außergewöhnliche Aufregung einer überraschten Braut, die in einer Aufführung von »Das Phantom der Oper« auf der Bühne um ihr Ja-Wort gebeten wurde, so: »Achten Sie auf die leicht ungewöhnliche Reaktion der Braut. Darüber spricht morgen ganz Deutschland.« In dieser Sendung thematisiert die Moderatorin auch den Einfluß der Redaktion auf die Heiratsanträge, sie weist darauf hin, daß eine Kandidatin ihren Heiratsantrag gerne im Affenkäfig des Tierparks Hellabrunn gestellt hätte, daß dies aber von »uns« für zu »gefährlich« gehalten wurde, und daß die Kandidatin dann statt dessen wie James Bond aus der Luft geflogen kam. Die Kandidatin bestätigt, daß sie den Affenkäfig vorgezogen hätte.

kann beginnen. Sie beginnt erneut mit der Wiedergabe von Aufnahmen einer versteckten Kamera. Diesmal werden die Kandidatenpaare bei den Vorbereitungen für die Sendung gezeigt. An diesen Filmzusammenschnitt schließt sich dann ein »Erinnerungsspiel« an, bei dem jedem der Paare drei Filmausschnitte gezeigt werden, die an einer bestimmten Stelle unterbrochen werden, und die Kandidaten anschließend vor der Aufgabe stehen, ihre damaligen Äußerungen zu vervollständigen.

Wie die Moderatorin in einer Sendung selbst sagt, ist es erstaunlich, daß dieses Spiel immer wieder funktioniert: »Aber niemand hat an versteckte Kamera gedacht, ne? Es klappt immer wieder, es freut mich so.«[46] Was da nun geklappt hat, ist für die Beteiligten nicht immer schmeichelhaft, zeigt es doch nicht selten, daß sie zu (fast) allem bereit sind, um in der Sendung erscheinen zu dürfen, z. B. sogar zur Aufzeichnung ihrer Hochzeitsnacht auf Video. Von der Moderatorin darauf angesprochen, ob sie denn dazu tatsächlich bereit gewesen wären, antwortet die Kandidatin, sie habe sich gedacht, damit sei lediglich die Aufzeichnung des »öffentlichen Teils« der Nacht gemeint gewesen:

> **Moderatorin**: Die sind so praktisch, die versteckte Kamera-Filme, so lernt man die Kandidaten so richtig kennen... Elke und Oliver, habt Ihr das wirklich ernst genommen, daß wir gefragt haben, ob wir ein Video drehen dürfen von Eurer Hochzeitsnacht?!
> **Kandidatin**: Ja. Aber ich hatte das auch anders verstanden.
> **M.**: Was hast du denn gedacht?

46 Vgl. »Traumhochzeit« vom 20.3.1994. Ob es dann doch nicht mehr geklappt hat, oder ob andere Gründe dafür verantwortlich waren, jedenfalls gab es in der Sendung vom 27.3.94 an dieser Stelle ein neues Spiel: Es mußten nun die Preise verschiedener exklusiver Konsumartikel vom »Negligé aus reiner Seide« bis zum »Hochzeitskleid aus Platin« geschätzt werden; das Paar, das mit seinen Schätzungen den realen Preisen am nächsten lag, war Gewinner. In der darauffolgenden Sendung kehrt man allerdings wieder zur versteckten Kamera zurück.

K.: Ich hatte – hier während der Feier, ich hatte nicht gedacht, während der Nacht!

M.: Ach so, dann kann ich mir vorstellen, daß ihr überhaupt noch darauf eingegangen ward. Ich hab mir wirklich gedacht, die können das doch nicht ernst meinen.

Der im Anschluß daran gezeigte Filmausschnitt, der Teil des Ratespiels ist, zeigt jedoch eindeutig, daß Elke und Oliver die Frage durchaus »richtig« verstanden hatten, da sie die Überlegung anstellen, im Falle einer Videoaufzeichnung die Nacht in »getrennten Betten« zu verbringen.

Nachdem nach dieser zweiten Spielrunde ein Paar ausgeschieden ist, folgt ein Showteil, der der Moderatorin die Möglichkeit gibt, ihre relativ bescheidenen Gesangs-, Tanz- und Schauspieltalente zu präsentieren. Diese Einlage gibt wiederum den Hintergrund für das nachfolgende Spiel ab, bei dem es darum geht, sich an Details des gezeigten Films zu erinnern. Im Anschluß daran folgt das »Tortenspiel«, bei dem die Paare – auf einem überdimensionalen Tortengerüst stehend – Fragen zu ganz unterschiedlichen Themenbereichen beantworten müssen: »Welche Formulierungen, Ausdrücke und Worte kommen am meisten in Liebesbriefen vor?« oder: »Was kann man tun, um den Partner zu verwöhnen?« oder auch: »Was assoziiert man mit Wasser?« usw. Das Kandidatenpaar, das die von ihm selbst bestimmte Anzahl richtiger Antworten gibt, die mit den Antworten einer vorab veranstalteten Umfrage übereinstimmen müssen, erhält den Punktegewinn. Scheitert ein Paar am selbst gesetzten Ziel, erhält das andere Paar automatisch die Punkte.

Während die Verlierer dieses Spiels als Trostpreis noch die Möglichkeit haben, im Minigolf-Spiel einen Geländewagen (oder zumindest einen Motorroller) zu gewinnen, winkt dem Siegerpaar nun die Trauung vor laufenden Fernsehkameras im Standesamt des holländischen Hilversum. Den Weg dorthin dürfen die Glücklichen in einem im Fernsehstudio vorfahrenden weißen Rolls Royce zurücklegen. Bevor es jedoch so weit ist, kommt der große Auftritt der Braut. Von ihrem Bräutigam im Smoking am Fuß einer geschwungenen Treppe erwartet, dem Linda de Mol noch die Worte »Genieß diesen Moment, vergiß uns, ich bin weg, hier ist deine Elke (Sandra, Tania etc.)« mitgegeben hat, schreitet die Braut zu feierlicher Musik gemessenen (und mehr oder weniger graziösen) Schrittes die Treppe herab, um von ihrem Bräutigam in die Arme geschlossen zu werden. Die dabei geflüsterten Liebesbeteuerungen werden den Zuschauern nicht vorenthalten: sie dürfen an diesem »bewegenden« Moment Anteil nehmen. Nach der Enthüllung eines Hochzeitsgeschenks von der Größe einer Wohnzimmer-, Schlafzimmer- oder Kücheneinrichtung wird besagter Rolls bestiegen; nach einem Werbeblock folgt der Höhepunkt des »schönsten Tags im Leben«, wie Linda de Mol traditionsbewußt sagt.

Im Anschluß an Aufnahmen, die den Rolls Royce bei der Fahrt zeigen, sehen wir ein hell angestrahltes Gebäude, das aussieht wie eine Kirche von außen. Nach dem Vorbild einer traditionellen kirchlichen Trauung ist dann auch die Fernsehtrauung in einem (extra von und für RTL hergerichteten) Saal inszeniert. Durch Stuhlreihen führt ein mit einem roten Teppich ausgelegter Mittelgang auf einen mit Blumen geschmückten, als »Altar« fungierenden großen rechteckigen Tisch zu, hinter dem ein (deutscher) Standesbeamter steht. Das Brautpaar geht, begleitet vom Gesang eines an den Seiten aufgereiht stehenden, festlich gekleideten Chors, diesen Gang entlang, um schließlich vor dem »Altar«-Tisch auf zwei Stühlen Platz zu nehmen. Der Chor singt zwar dem Text nach ein durchaus weltliches Lied, die Melodie erinnert aber eindeutig an einen Kirchenchoral. Nach einer kurzen Ansprache bittet der für RTL tätige Standesbeamte (Willi Weber mit Namen) das Paar, sich zu erheben, und stellt dann jedem der beiden die Frage, die der nachempfunden ist, mit der auch »im echten Leben« eine Ehe geschlossen wird: »Manuela, wollen Sie Axel Geschwend zu Ihrem Mann nehmen, ihn anerkennen und lieben wie er ist, in guten, aber auch in schlechten Zeiten?« Und vice versa. Nach dem sich anschließenden Tausch der Ringe schickt der Standesbeamte die beiden dann jeweils »zu Linda«, mit diesen oder ähnlichen Worten: »Und ich sehe, Linda wartet schon darauf, Ihnen einen Vorgeschmack auf die Flitterwochen zu geben.« Nachdem auch dies geschehen ist und Linda de Mol das Ziel der von einem Sponsor (z. B. Meyers Weltreisen) gestifteten Reise bekanntgegeben hat, dürfen dann auch die Verwandten und Bekannten des Brautpaares gratulieren. Von der Moderatorin werden sie mit Abschiedsworten wie diesen ermuntert: »Kommen Sie ruhig hier her, sie gehören jetzt Ihnen, ich bin weg, ich bin nicht mehr da. Denn das war schon wieder der offizielle Teil, meine Damen und Herrn. Zwei Menschen haben sich wieder das Ja-Wort gegeben, und wenn sie mir jetzt auch das Ja-Wort geben, dann sehen wir uns am kommenden Sonntag schon wieder bei der Traumhochzeit. Also auf die Liebe! Tschüß! Tach!«[47] Während des Abspanns darf man noch die Verwandten und Bekannten beim Gratulieren beobachten. Der öffentliche Teil ist vorbei, die private Feier geht weiter.

Es ist leicht zu sehen, daß auch diese Show eine Kombination aus bekannten Elementen anderer Unterhaltungsshows bietet – das Prinzip »Einer wird gewinnen« ist hier ebenso gewahrt wie das des unbemerkten televisionären Eindringens in die vermeintlich private Situation. Jedoch ist das, was letztlich von einem Paar gewonnen wird, durchaus besonderer Art: neben Möbeln wird, paradox genug, die Teilnahme an der eigenen Hochzeit gewonnen. Oder genauer und weniger paradox: die Teilnahme an einer besonderen Art des Vollzugs und der Feier der eigenen Hochzeit. Der Auftritt im Fernsehen wird zu einer entscheidenden Situation des Lebens – und dies nicht nur deshalb, weil es ein Auftritt im Fernsehen war (wie bei den Opfern von »Verstehen Sie Spaß?« oder den Kandidaten von »Wetten daß?«), sondern weil die Situation selbst eine entscheidende war. Dieser Vorgang wiederum, eine Situation innerhalb der Sendung zu einer aus eigenem Recht existentiell gewichtigen Situation zu machen;

47   Ende der Sendung am 20.3.1994.

ist keineswegs auf diese Show begrenzt. Dies zeigt sich etwa an einem möglicherweise von der »Traumhochzeit« inspirierten Vorkommnis in der Sendung »Verstehen Sie Spaß?« Im Anschluß an die oben beschriebene Szene mit dem »Mohrenkopfessen« auf Mallorca ist eines der mit der versteckten Kamera beobachteten Paare zu Gast in der Sendung. Diese beiden haben einen speziellen Wunsch, der ihnen bereitwillig erfüllt wird. Die Frau hatte nämlich die Idee, sich in dieser Sendung »öffentlich« zu verloben! Allerdings ist ihr Partner nicht unvorbereitet, denn wie sie in der Sendung »gesteht«, hat sie diesen Wunsch nicht nur den Leuten vom Fernsehen, sondern auch schon dem Partner mitgeteilt und dessen Einverständnis eingeholt. Der Wunsch nach dieser Form der Verlobung wird auf die von Harald Schmidt mehrfach gestellte Frage: »Wollen Sie das hier machen?« ausdrücklich bestätigt. Daraufhin werden auf dem Sendungssofa die Verlobungsringe mit den folgenden Worten der Braut in spe getauscht: »Diese Ringe sollen uns immer daran erinnern, daß wir diese Liebe achten und sie ehren, solange wir leben.« Als Geschenk gibt es dann auch – ganz wie in der »Traumhochzeit« – einen Reisegutschein für eine Reise nach Mallorca, um dort diesmal einen Urlaub ohne versteckte Kamera genießen zu können. Hier wie dort wird das junge Paar mit dem Segen der Moderatoren ins reale – oder vorsichtiger: in das nicht von fremden Kameras gefilmte – Leben entlassen.

2. Wie wirklich ist das Wirkliche?

Was war das nun? Eine Verlobung oder die Imitation – oder gar Parodie – einer solchen? In »Traumhochzeit« wird ein Heiratsantrag gemacht und geheiratet. Wirklich? Werden soziale und juristische Fakten geschaffen, die vorher nicht da waren? Wird das im vollen Sinn *getan*, was da gezeigt wird – oder ist es doch nur ein Tun, *als ob* es getan werde: also letztlich doch »nur« Spiel, nicht (auch) existentieller Ernst?

Ja und Nein, lautet die Antwort. Zunächst einmal passiert das, was die Sendung zeigt, nicht gerade jetzt, zum Zeitpunkt der Ausstrahlung der Sendung; was gesendet wird, ist eine Aufzeichnung. Das ist bei anderen Shows auch der Fall, Linda de Mol gibt sich jedoch besonders viel Mühe, die Illusion der Augenblicklichkeit des Geschehens zu erzeugen. Nicht nur geht sie immer wieder begeistert mit »ihren« Kandidaten mit, sie verweist bei einer auffälligen Szene darauf, daß »morgen« ganz Deutschland darüber sprechen werde, fragt die Verlierer-Paare, ob sie heute noch heiraten werden, usw. Dieser Aktualitäts-Schein ist für den Charakter einer Sendung wichtig, die darauf zielt, den Gewinnern eine Hochzeit zu versprechen, die hier und jetzt, vor den Augen der Kameras und der geladenen Freunde und Verwandten vollzogen werden wird. Den Zuschauern wird versprochen, dabei zu sein, wie es wirklich geschieht. Es geschieht aber nicht in diesem Sinn (der Gleichzeitigkeit) wirklich, wie auch dem uninformierten Zuschauer auffallen kann, wenn eine Kandidatin in einer im April ausgestrahlten Sendung sagt, »erst im April, gleich im Anschluß daran, wenn unsere Sendung ausgestrahlt wird«, werde die kirchliche Hochzeit sein. Jedoch ist anzunehmen, daß die meisten Zuschauer an solchen Stellen nicht allzu genau hinhören, zumal die Moderatorin diese Momente sehr schnell überspielt und ihre unermüdliche Begeisterung sofort auf die nächste Episode lenkt.

Andere Faktoren sind der Sendung nicht direkt zu entnehmen. Der Raum beispielsweise, in dem »geheiratet« wird, ist keineswegs ein sakrales Gebäude, so sehr er danach aussehen mag, auch kein »echtes« deutsches Standesamt, sondern nur der Gemeindesaal der holländischen Stadt Hilversum, der für die Produktion der Sendung entsprechend aufbereitet wurde. Mehr noch: Die Hochzeitszeremonie, die in der Sendung abgehalten wird, ist nur das – Zeremonie –, nicht aber der wirkliche Vollzug der Heirat. Alle Paare, die dort getraut werden, heiraten hinterher noch einmal – meist noch mehrmals: auf dem Standesamt in der deutschen Grenzstadt Ahaus direkt im Anschluß an die Aufzeichnung ihrer »Traumhochzeit« und später nochmal im »richtigen Leben« in der Kirche.[48]

Dennoch ist *nicht* alles nur ein Schein. Die Brautpaare, die man sieht, *sind* Brautpaare, die zwar, auch wenn sie das Wettspiel gewonnen haben, nicht wirklich heiraten, aber doch, im Fernsehen, wirklich – Hochzeit *feiern*. Die Hochzeit im Fernsehen trennt die Feier vom Vollzug der Hochzeit – verleugnet diese Trennung aber nach Kräften. Man könnte sagen, das Ganze ist eine neue Form des Polterabends: Man spielt zusammen Hochzeit, bevor man dann wirklich heiratet. Jedenfalls haben wir es hier mit einer recht eigenartigen Form des Realitätsfernsehens zu tun: Die Vollzüge, die als reale angeboten werden, sind es gerade nicht. Diese Sendung arbeitet mit dem Schein der Echtheit ihrer zentralen Handlungen. Trotzdem ist das, was geschieht, für das Gewinnerpaar eine echte Feier ihrer Hochzeit – eine Feier, deren Dramatik, Glanz und Euphorie alle späteren Feiern vermutlich nicht mehr erreichen werden.

Diese Mischung des – nach lebensweltlichen Standards – Echten mit dem Unechten kennzeichnet viele Elemente der Sendung. Man denke nur an den »Heiratsantrag« – der ja in heutigen Zeiten selten noch ein formeller Antrag ist, eher ein gemeinsamer Beschluß, mit dem Zusammenleben ernster zu machen als bisher (wenn es nicht nur die Steuerersparnis ist, um die es geht). Hier soll es wieder ein »echter«, spektakulärer Antrag sein – wozu eine möglichst exotische Situation bemüht werden soll. Dabei agiert einer der Partner von vornherein als Teil einer medialen Inszenierung, von der der andere überrascht wird – nicht zuletzt durch die Aufgabe, sich möglichst schnell selbst zu einem Teil dieser Inszenierung zu machen. In dem Moment aber, in dem beide Beteiligten wissen – und das wissen sie in allen nachfolgenden Aktionen vor und während der Sendung –, daß sie Teil einer solchen Inszenierung sind, agieren sie nicht länger als einfache Laien (wie die Opfer der komischen Fallen aus »Verstehen Sie

48   Vgl. auch J. Reichertz, a.a.O., S. 100, Fußnote 5.

Spaß?«), sondern gleichsam als Semi-Profis – als Hochzeitspaare, die Hochzeitspaare spielen, und dies in einem relativ streng reglementierten und vorgegebenen Rahmen. Im Unterschied zu den Opfern von »Verstehen Sie Spaß?« wissen die Mitspieler der »Traumhochzeit« ja vorab davon, daß sie bei Handlungen beobachtet werden, bei denen man normalerweise nicht von einer größeren Öffentlichkeit beobachtet wird.

Es dürfte gerade die Vorgabe von Regeln und Rahmenbedingungen sein, die es den Beteiligten leicht oder leichter macht, sich in diesem Rahmen und nach diesen Regeln zur Schau zu stellen, sich vor laufenden Kameras zu küssen und zu kosen, ihre Liebe zu gestehen und Treue zu schwören. Das Besondere ist freilich, daß die zeremoniellen Formen hier nicht die Gefühle im Zaum halten, sondern zu deren Offenbarung beitragen sollen. Die Form der Sendung gibt einen Halt, in dem man dann auch mal die Haltung verlieren kann. Im übrigen hat die Spielhandlung, in die die Kandidaten verwickelt werden, ihre eigene, aus vielen anderen Shows bekannte Dynamik, die die »Gefühlshandlung« immer überlagert und ihr einen Resonanzboden bietet. Die Erregung über das Gewinnenkönnen bereitet so jene Gefühlsbewegung vor, die beim Siegerpaar dann über die Freude am Sieg hinaus auf die Freude aneinander umgeleitet werden soll. So gewinnt letztlich nicht unbedingt das Paar, das am meisten füreinander fühlt (das wäre ja schlecht herauszubekommen), sondern das am besten miteinander (zusammen) spielt: das sich am geschicktesten von der Emotion des Spiels tragen läßt und sich dadurch auch die für es inszenierte Emotion der Liebe verdient.[49] Das Glück im Spiel ist hier der Vorbereiter für die Dramatisierung des Glücks der Liebe.

Was die Kandidaten also gewinnen, ist eine für sie vom Sender organisierte Feier ihrer Hochzeit. Dies gewinnen sie einmal

---

49 Im Unterschied dazu schreibt Jo Reichertz: »Alle Reality-Shows arbeiten mit einer solchen Erschütterung der Handlungsroutinen und bieten ihren Zuschauern den Anblick eines Menschen, der aufgrund aufgewühlter Gefühle um seine gesellschaftliche Fassung ringt«. J. Reichertz, a.a.O., S. 107.

dadurch, daß sie Kandidaten werden: zum andern dadurch, daß sie das Spiel in der Sendung – das Spiel um die Hochzeit – gewinnen. Beides aber können sie nur gewinnen, wenn sie selbst mitzuspielen bereit sind: wenn sie bereit sind, sich ihre Hochzeit nach den Regeln des Senders gestalten zu lassen. Aus der Sicht der Kandidaten ist das eine Vereinbarung mit dem Sender: Ihr macht uns eine schöne Feier, wir machen mit, wie ihr es verfügt. Feiern tut man selbst, aber so, wie einem jemand sagt, daß man feiern soll. Nur ist es hier nicht der Pfarrer bzw. eine religiöse Institution, die einem den rituellen Ablauf, die zu überwindenden Hindernisse (z. B. Brautleutewochen, Gespräche mit dem Pfarrer etc.) vorschreibt, sondern RTL bzw. die Produktionsgesellschaft, die die Show im Auftrag von RTL organisiert. Auf der subjektiven Seite entspricht dem das Gefühl, nach der Initiative der Bewerbung um die Teilnahme an der Show in die »Fänge von bite TV«[50] geraten zu sein, die dann alles weitere organisieren und den Gang der Dinge bestimmen. Während die Show selbst die Leistungen der Kandidaten in den Vordergrund stellt, haben die Kandidaten in Wirklichkeit Mühe, das, was passiert, als ihre eigene Leistung und Angelegenheit zu erleben – ein Verhältnis, das sich am ehesten für die rentieren dürfte, die in den Genuß und die Euphorie des Gewinnens gelangen.

Die Kandidaten-Paare hätten aber gar kein Motiv, sich um die Teilnahme an einer der Sendungen zu bewerben, wenn sie annähmen und wollten, daß es dort – in der Sendung – zuginge wie in ihrem alltäglichen – oder auch: ihrem außeralltäglichen festlichen – Leben selbst. *Sie* wissen ja, daß sie an einer Show teilnehmen und nicht an einer Hochzeit. Sie wollen, daß dies *ihre* Show sei, und sind allenfalls enttäuscht, daß sie in einen Sendebetrieb geraten sind, in der ihre individuellen Wünsche eine weit geringere Rolle spielen als von ihnen erhofft. Ihnen dürfte auch

50 Vgl. dazu J. Reichertz, »Ist schon ein tolles Erlebnis!« Muster für die Teilnahme an der Sendung »Traumhochzeit«, in: Rundfunk und Fernsehen, 41 Jg. 1993, H.3, S. 368.

klar sein, daß sie sich – als Paar – inmitten einer Spielhandlung zeigen, also in einer durchaus künstlichen Situation, die, wenn sie Glück haben, in eine simulierte Heirat mündet. Sie erliegen dieser Simulation aber nicht, denn für sie kommt die wirkliche Heirat erst noch. Sie wissen, daß das, was für die Zuschauer aussieht wie eine echte Heirat, keine Heirat, sondern eben ihre Show ist, ihr Fest, aus dem sich die Moderatorin am Ende der Sendung entsprechend demonstrativ zurückzieht.

Daß hier vom Fernsehen Alltagshandlungen inszeniert werden, daß das Fernsehen die Regie übernimmt, verändert die Alltagshandlungen und gibt ihnen eine andere Kontur. Insofern vergrößert die Show für die Beteiligten das Ereignis ihrer kommenden Heirat und hat echte existentielle Bedeutung: nicht aber, weil die Handlung der Heirat eine echte wäre (oder weil sie glauben, sie wäre es), sondern weil die simulierte Heirat für sie eine Form der Feier des gemeinsamen Lebens ist, die möglicherweise an Intensität alle anderen Formen übertrifft.

Es scheint mir daher nicht plausibel, wenn Jo Reichertz sagt, es gehe den Kandidaten »um den Ernst und die Kraft der Symbole und Riten«[51], mit Hilfe derer sie versuchen, ihre (noch zu schließende) Ehe gegen die in der heutigen Zeit immer häufiger werdende Möglichkeit einer Scheidung vorab abzusichern. Die Öffentlichkeit würde demnach als Zeuge oder Bürge fungieren. »Hohe Zuschauerquoten wären dann ›magische‹ Mittel, um hohe Scheidungsquoten zu parieren.«[52] Neben dem Spaß an einem Spiel, bei dem es etwas zu gewinnen gibt, dürfte das primäre Interesse der Beteiligten der Gelegenheit gelten, zu ihrer Hochzeit ein Fest besonderer Art feiern zu können, das ihnen Gelegenheit gibt, sich – vor der Gemeinschaft der geladenen Verwandtschaft einerseits, den vielen draußen andererseits – gemeinsam zu zeigen. Sie wollen ihr privates Glück ausgestellt wissen, um dieses intensiver zu erleben.

51 J. Reichertz, 1994, a.a.O., S. 112.
52 ebd., S. 114.

In diesem Sinn ist die Sendung »Traumhochzeit« durchaus ein Element des von Gerhard Schulze beschriebenen »Erlebnismarkts«, der unseren Alltag durchtränkt hat, und die Teilnahme an ihr Teil eines »erlebnisrationalen Handelns«, das sich dadurch auszeichnet, daß »wir den unentrinnbaren Strom der Erlebnisse nicht mehr hinnehmen, wie er gerade kommt, sondern selbst zu regulieren versuchen«. [53] So ist es auch nur konsequent, daß die Kandidaten dieser Sendung, sobald sie sich einmal zur Auswahl des »Erlebnisangebots« »Traumhochzeit« entschlossen haben, bereit sind, (fast) alles, was von ihnen verlangt wird, auch mitzumachen.

Das ist aber nicht alles. Gesucht ist eine »Überhöhung« des Alltags und des üblichen Festtags: eine Form, die einem die Möglichkeit gibt, dem Wunsch nach Heirat einen »angemessenen« Ausdruck zu verleihen. Das Fernsehen spielt die Rolle einer transzendierenden Instanz nicht im Sinne einer magischen Institution, die irgend etwas garantieren kann, sondern im Sinne einer Institution, die einem privaten Bedürfnis nach Heirat / Ehe einen symbolischen Ausdruck verleiht. Die Sendung, mit einem Wort, bietet eine *Form für Gefühle* an, für deren Ostension im Alltag kein Platz mehr zu sein scheint, und vergrößert so ein Gefühl, das in der banalisierten modernen Alltagswelt keinen Platz mehr hat. Die resultierende Feier ist für die Beteiligten einerseits »wirklicher« als die Wirklichkeit, weil sie diese intensiviert, übersteigt; andererseits aber auch weniger wirklich, weil nicht tatsächlich geheiratet wird und manches nur um der allmächtigen Regie willen getan wird. Das Fernsehen leiht der Feier seine überhöhenden Formen – ein Mechanismus, der Wirkungen noch auf jede normale Hochzeit hat, bei der den Bedienern der Videokamera oft eine kaum weniger wichtige Rolle zukommt als dem Pfarrer oder Beamten, der die Heirat zelebriert. Das Ereignis soll festgehalten werden, als wäre es ein Ereignis im Fernsehen gewe-

---

53 G. Schulze, *Die Erlebnisgesellschaft, Kultursoziologie der Gegenwart*, Frankfurt/M. 1992, S. 430.

sen.[54] Selbst dieser Irrealismus aber könnte als Steigerung des Realen nicht empfunden werden, wenn man in ihm einfach das Reale sähe.

Wenn damit das Interesse der Teilnehmer an der Sendung erklärt ist, wie steht es mit den Zuschauern, die ja die weitaus größte Zahl der »Beteiligten« ausmachen, für die das Ganze ja gemacht wird, in ihrer Eigenschaft als potentielle Konsumenten der Güter, für die in den Pausen geworben wird? Stimmt es, daß die Show »das Stellvertreter-Fest (ist), das Fest, das man nicht feiern muß, das man vielmehr feiern lassen kann, an dessen Pracht und Glanz man Anteil hat, indem man sich zurücklehnt oder das Telefon bedient?«[55] Sind also die Fernsehzuschauer virtualisierte Teilnehmer an eben jener Feier, an der die Kandidaten und ihre Verwandten teilnehmen?

Nein: Sie haben Teil an einer televisionären *Apologie* des Festes, nicht an diesem selbst. »Traumhochzeit« betreibt eine Apologie des Festlichen wie Hans Meiser, Harald Schmidt und andere eine Heiligung des Alltäglichen. Die Show betreibt dies jedoch nicht einfachhin, sondern in Form eines Spiels, die dem Zuschauer die Möglichkeit läßt, beides zu verfolgen: Die Unterscheidung von Gewinnern und Verlierern, und das Verhalten von Paaren zueinander (wie bei anderen Shows, etwa der »100000-DM-Show« mit Ulla Kock am Brink, ebenfalls bei RTL), solcher Paare freilich, von denen erwartet wird, daß sie ihr Gefühl füreinander in den Mittelpunkt stellen.

Beurteilt wird vor allem die Darbietungsleistung der Paare: ob sie sich als Paare präsentieren können, die etwas füreinander empfinden, ob sie in Sieg und Niederlage angemessen zueinander stehen. Während wir bei »Verstehen Sie Spaß?« Menschen dabei

---

54 Vgl. A. Keppler, Tischgespräche, a.a.O., Kap. III.5.1. Hier wird am Beispiel einer Hochzeit im wirklichen Leben beschrieben, wie die Video-Aufzeichnung einer Trauung zum Teil der feierlichen Inszenierung eben der Feier wird, deren Reproduktion sie ist.

55 R. Knodt, Der Bauchtanz findet nicht statt. Television zwischen Information und Show, in: *Merkur*, 47/1993, S. 917.

beobachten, wie sie sich in Situationen verhalten, in die sie ohne ihr Wissen und Wollen geraten sind, sehen wir hier Kandidaten zu, die mit Wissen und Wollen da sind, wo sie sind, und die nun zu zeigen haben, wie sie miteinander die gewünschte Situation bestehen. Es geht darum, eine äußere und innere Verwandlung zu verfolgen: wie sich Zwei aus Spielpartnern in ein Brautpaar verwandeln. Die Zuschauer erleben einen Übergang vom Spiel zum Ernst, von dem sie in der Regel nicht wissen, daß auch das nur ein Spiel, eine Feier, nicht der Ernst einer echten Zelebration ist. Das tut aber aus der Perspektive der Zuschauer auch nicht allzuviel zur Sache, denn sie wollen vor allem verfolgen, wie gut oder schlecht sich die Kandidaten in die Form der Sendung finden.

An der Feier selbst teilnehmen wollen sie ganz gewiß nicht. Sie feiern ja nicht selbst, sie sehen einer Feier zu und haben Gefallen (oder eben kein Gefallen) an den Formen der Feier. Sie konsumieren die Formen der Feier, nicht die Feier selbst. Keiner greift nach der medialen Trauung zu Hause zu Sekt oder ähnlichem, wie das bei Pokalsiegen vorkommt, wenn die eigene Mannschaft gewonnen hat. Die Zuschauer sind nicht mit dabei – wer wollte schon jede Woche auf einer fremden Hochzeit sein? Aber jede Woche anderen zuschauen, wie sie sich anstellen bei der Zelebration ihrer eigenen Feier, wie sie sich dabei anstellen, sie selbst zu *sein* und sich selbst zu *spielen* – das schon. Die Zuschauer mögen einigen Vertauschungen von Sein und Schein unterliegen, aber ein Spiel von Sein und Schein ist es auch, um das es ihnen beim Anschauen der Sendung geht.

VI.
»Verzeih mir«

Erst mit »Verzeih mir« haben wir ein Beispiel echten, »unvermischten« Realitätsfernsehens. Hier werden die existentiell weitreichenden Handlungen nicht gespielt, sondern vollzogen. Hier wird nicht zum Schein, sondern tatsächlich verziehen. Zwar ist es vorgekommen, daß Kandidaten nur zum Schein verziehen haben, weil es gar nichts zu verzeihen gab, aber dies war eine hinterlistige Verletzung der Regeln, die ganz und gar nicht im Sinne der Erfinder war. Die Regel sieht vielmehr vor, daß die Sendung zu einem Forum wiederhergestellter persönlicher Beziehungen wird. Es wird eine künstliche Situation geschaffen, in der die Beteiligten wirklich wieder zusammenfinden sollen – für die Zeit nach der Sendung. Das Fernsehen interveniert hier nicht kurz einmal von außen in das Leben der Betroffenen, auch greift es ihnen nicht allein bei ihren festlichen Vorhaben unter die Arme, es hilft, ihre Lebensverhältnisse zu *korrigieren*. Die Sendung will möglich machen, was im Alltag nicht möglich war – und möchte ihre Zuschauer mit dem Eintreten dieser Möglichkeit unterhalten.

1. Zur Dramaturgie der Sendung

Diese Show wurde zunächst von Dezember 1992 bis Februar 1993 25 mal in RTL ausgestrahlt; von Dezember 1993 bis Februar 1994 gab es neue Folgen. Diese wurden regelmäßig von durchschnittlich 4 Millionen Zuschauern gesehen. Bereits am Ende der ersten Sendestaffel lagen der Redaktion über 6000 schriftliche und 4500 telefonische Bewerbungen von Zeitgenossen vor, die sich mit Hilfe des Fernsehens bei jemandem anderen entschuldigen und ihr Fehlverhalten ausgerechnet im Fernsehen eingestehen wollten. [56]

Wie »Traumhochzeit« und andere Shows beginnt auch diese Sendung mit einer Erkennungsmelodie, in der hier die Worte »Verzeih mir« intoniert werden. Dann tritt die Moderatorin Ulla Kock am Brink in die noch leere Arena der guten Taten, die in den ersten 25 Folgen von einer blauen, später von einer orangegelben Sitzgruppe beherrscht wird. Nachdem der Beifall des Studiopublikums verebbt ist, leitet die Moderatorin gerne mit einem Sprichwort oder einer Redensart den Auftritt des ersten Gastes ein, dem geholfen werden soll, sich mit jemandem zu versöhnen. Jede der nun folgenden Begegnungsrunden nimmt ihren Anfang mit einem solchen Auftritt eines Kandidaten oder einer Kandidatin, die sich mit der Bitte um Hilfe an das Fernsehen gewendet haben. Es sind dies alles Personen, die sich mit jemandem zerstritten haben, die jemanden beleidigt, ihm Unrecht getan oder sich sonstwie mit jemandem überworfen haben, die Sache aber wieder gerade rücken möchten. Er oder sie geht nun aber nicht einfach zu dem anderen hin und bittet um Verzeihung oder bietet Wiedergutmachung an, sondern möchte dies mit Hilfe des Fernsehens, genauer gesagt mit Hilfe von RTL und der Redaktion der Sendung »Verzeih mir« erreichen. [57] Falls die

56 Gong, Februar 1993, S. 8.
57 Die Redaktion besteht aus der Moderatorin Ulla Kock am Brink und bis zu

Kandidaten und ihre Verfehlungen in das Konzept der Sendung passen, überbringt ein RTL-Team dem oder der Mißachteten einen Blumenstrauß und fragt – bei laufender Kamera: »Können Sie sich vorstellen, wer Ihnen diesen Versöhnungsstrauß schickt?« Erraten die so Angesprochenen nach einer ersten Äußerung der Verwunderung, wer es ist, der so um Verzeihung bittet, so werden sie erneut von einer professionell-sanften Stimme gefragt: »Gibt es etwas, das Sie – Ihrer Tochter, Ihrem Sohn, Onkel, Bruder etc. – sagen möchten?« An diesem Punkt thematisieren die Angesprochenen fast immer das Ungewöhnliche der Situation, indem sie sinngemäß zurückfragen: »Sie meinen, wenn er/sie jetzt selbst käme, oder?« Meist folgt darauf ein (nicht selten zögerndes) Signal, daß die Überrumpelten wohl schon bereit wären, Verzeihung zu gewähren.

Diese von der Kamera aufgezeichnete Situation wird nun in der eigentlichen Sendung den um Verzeihung bittenden »Kandidaten« und dem anwesenden Publikum vorgespielt, jedoch erst nachdem der Bittsteller das Problem, um das es jeweils geht, unter einfühlsamer Mithilfe der Moderatorin aus seiner Sicht formuliert hat. Nachdem der Partner der Verzeihungshandlung über den eingespielten Film vorgestellt ist, tritt dieser nun selbst in den Kreis der zentralen Sitzgruppe ein, und es kommt zu einer realen, in der Regel herzlichen und gerührten Begegnung der entzweiten Personen. Mit einem Ausblick auf eine von der schuldigen Partei erdachten und von RTL finanzierten Überraschung werden die neu vereinten Menschen dann recht schnell verabschiedet. Dieser Ablauf wiederholt sich im Lauf der Sendung mehrere Male und endet mit einem Aufruf Ulla Kock am Brinks, sich doch an »uns« – die Redaktion der Sendung – zu wenden, wenn man sich mit jemandem entzweit hat und wieder versöhnt werden möchte.

Was in dieser Sendung geschieht, geschieht wesentlich in den Dialogen der Beteiligten und ihren Reaktionen während dieser

12 freien Mitarbeitern. Produziert wird die Sendung übrigens von Linda de Mols Bruder John in Holland.

Dialoge. Deswegen soll hier eine Episode in ihrem Gesprächsverlauf exemplarisch vorgestellt werden. Ich wähle dieses Verfahren nicht zuletzt deshalb, um zu demonstrieren, daß hier im Normalfall nichts gespielt wird, sondern daß es sich für die Betroffenen um durchaus ernste persönliche Probleme handelt, die zur Sprache kommen.

Die folgende Sequenz wird von der Moderatorin kurz eingeleitet; es folgt der Auftritt eines jungen Mannes, der seine Stiefmutter um Verzeihung bitten möchte.

(Beifall, gleichzeitig »Verzeih mir«-Erkennungsmelodie)
Moderatorin: Das erlebt man oft – jemand verhält sich irgendwie merkwürdig. Alle rätseln und keiner weiß, was wirklich dahintersteckt. Also: raus mit der Sprache! Wir machen einen Anfang mit dem Sohn: André Göbel! (Beifall 15 Sek. lang, gleichzeitig »Verzeih mir«-Erkennungsmelodie)
Hallo André! (noch während des Beifalls und der Musik gesprochen) André, wo wohnen Sie *jetzt*?
Kandidat: In Dortmund.
M.: In Dortmund – es ist neu hier, wenn man hier sitzt, ne?
K.: Ja.
M.: Versuchen Sie ein bißchen Luft zu holen. Und was machen Sie beruflich?
K.: Ich arbeite im Moment als Hausmeistergehilfe.
M.: Mhm, Hausmeistergehilfe. Macht Ihnen der Job Spaß?
K.: Ja.
M.: Mhm – Sie sind vor – fünfeinhalb Jahren – von zu Hause Knall auf Fall ausgezogen –
K.: Ja.
M.: Warum? –
K.: Ich kam damals mit meiner – Stiefmutter nicht ganz, ähh, besonders zurecht. – Sie hatte, ähhh, wir hatten frü-

her ein sehr gutes Verhältnis, das hat sich dann aber geändert dadurch daß ich, ähh – – langsam anfing, mir meinen Bekanntenkreis alleine aufzubauen.

M.: Mhm, mhm?

K.: Und, ähh – sie war mit meinen Freunden und Bekannten nicht ganz einverstanden, versuchte mich dann davon immer loszubringen – und hatte – irgendwie hat sie es immer versucht, daß ich wieder, ähh-ahh andre Bekannte finde, weil irgendwie passte ihr das alles nicht.

M.: Also ihre Stiefmutter – war mit ihrem Privatleben nicht einverstanden?

K.: Ja. – – Mhm. Mit der Art, wie ich es – führte,

M.: Ja?

K.: – daß ich irgendwo – – – –

M.: Sie sind dann eines Tages Knall auf Fall ausgezogen. Sie haben also überhaupt nicht gesagt, warum und weshalb – sondern sind weg.

K.: – Ja, das is richtig.

M.: Warum habn Sie das – gemacht? (gehaucht)

K.: Ich hatte damals nicht den Mut, meinen Eltern etwas zu sagen, – womit ich selber nicht besonders gut zurechtkam damals – ich hatte Angst vor den Reaktionen, was sie sagen würden und auch Angst vor den Reaktionen meiner Geschwister.

M.: Mhm – –

K.: Und deshalb hab ich mir gesagt, am besten sagst Du garnichts – – – und – gehst eben.

M.: Was war das – Problem, wovor Sie große – Angst hattn? – – – –

K.: Das Problem war damals – – – ich bin homosexuell (mit tränenerstickter Stimme).

M.: Mhmmhh
(Beifall 16 Sekunden lang)

M.: Es fällt Ihnen sehr schwer, darüber – zu sprechen? Das kann ich gut verstehn – weil Sie ihre Familie lieben und es nicht wußten ob sie die – ob wie die überhaupt reagieren und ob sie vielleicht nicht ablehnend – reagieren würden.

K.: Ja. (gehaucht) – – – – –

M.: Die Angst haben Sie mittlerweile verloren? – – – Was ist da in Ihnen vorgegangen, daß Sie gesagt haben, ich steh jetzt dazu, und ich sag das auch?

K.: Ich mußte mich natürlich stark dazu durchringen – aber mein Freund hat mir geholfen. – – – Er hat das selber alles, ähh miterlebt, wie ich bin, wenn es auf Weihnachten oder irgendwelche Geburtstage losgeht und ich – bin dann ziemlich schlechter Stimmung – und von daher haben wir uns irgendwann-

M.: Mhm?

K.: hab ich mir dann gedacht, ich muß es jetzt, weil ich liebe meine Eltern, ich liebe meine Geschwister (mit tränenerstickter Stimme)

M.: Mhmmhh,

K.: und ich möchte so leben, wie es *ist* – –

M.: Das ist auch – absolut *richtich* so – und, ähh, dieses Gefühl, wenn man denkt, ich kann noch nicht mehr meiner eigenen Familie ins Gesicht gucken, weil ich ein Geheimnis habe, – was mich sehr belastet – das kann ich gut verstehn. – André, wir sind zu Ihrer Stiefmutter gegangen mit Ihren »Verzeih Mir«-Blumen.

An dieser Stelle erfolgt nun die Einblendung des an der Haustür der Stiefmutter aufgenommenen Filmstücks, das sich die Moderatorin und der Bekennende zusammen mit dem Publikum im Saal ansehen:

(»Verzeih Mir«-Erkennungsmelodie)
(Schritte)

Reporter: Guten Tag, sind Sie Frau Rosa Göbel?
Stiefmutter: Ja.
R.: Wir haben ein paar Blumen für Sie, bitte schön.

S.: Ehhnnhh ...

R.: Bitte schön – nehmen Sie sie.

S.: Von was ist das denn? – ehh

R.: Es gibt jemand, der sich mit diesen Blumen bei Ihnen entschuldigen möchte. – –

S.: Wer ist das?

R.: Wir haben mal als kleine Symbole zwei Telefone – hereingesteckt in diesen Blumenstrauß und – das soll

S.: Aha

R.: bedeuten, daß sie lange keinen Kontakt haben.

S.: Ja.

R.: Wer könnte es denn sein?

S.: Das ist ja wohl nicht der André?

R.: Doch!

S.: Doch?! (gehaucht)

R.: André sendet Ihnen diese Blumen.

S.: – hh

R.: Was ist eigentlich passiert vor fünfeinhalb Jahren?

S.: Viel verschiedene Meinungen ehhhehh – – ija ich bin fertig ehhnn – tja er wollte sein eigenen Weg gehn – so ist er ihn gegangen – – wo ich nicht so mit einverstanden war hh.

R.: Hat Sie das sehr verletzt?

S.: Ija, eigentlich, eigentlich ähh ist es schade, daß wir keinen Kontakt mehr haben, ne – – – – – – – hh

R.: Was würden Sie ihm denn – ihm gerne sagen wollen?

S.: Tja – ich mein', wenn er jetzt selbst käme, meinen Sie, jetzt, oder? – –

R.: Liegt Ihnen was auf dem Herzen? – –

S.: Tja, was würd ich ihm sagen, ich würd mich freun, daß er wiederkommt.

R.: Nehm Sie denn seine Entschuldigung zu seinem Verhalten damals an?

S.: Tja, sicher. –

R.: Oder sitzt – der Schmerz noch tief

S.: Ich meine, es gibt Sachen, wo man auch viel darüber geredet hat mit ihm und er hat's nicht begriffen, ich mein' man kann ja immer mal wieder darüber sprechen. (letzte Zeile mit zitternder Stimme)

Der Filmausschnitt ist zu Ende. Nun betritt auch die Stiefmutter den Schauplatz der erhofften Versöhnung:

Moderatorin: Also *sprechen* wir drüber! – Heute sehen sich Sohn und Stiefmutter nach fünf Jahren zum ersten Mal. Guten Abend Rosa Göbel!
(30 Sek. Beifall und »Verzeih mir«-Erkennungsmelodie)
M.: Sie ist da! (während des Beifalls gesprochen)
M.: Frau Göbel, hallo – schön, daß Sie da sind. (während des Beifalls gesprochen)
(Beifall zuende)
S.: Hhh (zitterndes Ausatmen)
M.: So. Hmkrrhm – – – – Ich finde das so schön – daß Sie gekommen sind – – weil es für Sie nicht leicht war.
S.: Nein – ich bin ganz hin. – – – –
M.: Sie sind jetzt erst mal froh, daß er da ist, hm? – – – Und Sie, André, auch?
K.: Ja. (gehaucht) – – –
S.: (weint) – – –
M.: Frau Göbel, haben Sie das – damals schon gespürt, daß Andre eben Männer liebt und nicht Frauen?
S.: Tja gespürt schon, aber – er wollte sich einfach nicht dadrüber unterhalten, was wir vielleicht vieles aus dem Verkehr geschafft hätten, hätte er offen und ehrlich mit uns – gesprochen.
M.: Wolln Sie ein Taschentuch haben?
S.: Ja, bitte. (gehaucht)
M.: Können sich in Ruhe die Nase putzen, also,
S.: Hätten wir offen und ehrlich gesprochen jetzt darüber, wär' das für uns alle nicht so n Problem geworden, wie es – –

M.: Ja, nach dem Auszug war es noch ein viel größeres, nehm' ich an und –

S.: Er ist in die Nachbarschaft gezogen, was uns auch sehr weh getan hat, und das war der Auslöser auch für mich, daß ich gedacht habe, Schluß, Feierabend, kann da nich mehr – wie für die Kin-der alles tun und machen – wenn er es so macht, dann ist für mich auch . . .

M.: Ja,

S.: die Sache erledigt.

M.: Mhm

S.: So hätt ich das mit jedem andern von meinen Kindern auch gemacht. –

M.: Das glaub' ich.

S.: Ja, also. (tiefer Seufzer)

M.: Es ist ja so, daß Sie in einem kleineren Ort leben,

S.: Mhm.

M.: und Sie sich sehr sehr lange überlegt haben, ob Sie überhaupt hierher kommen sollen.

S.: Ja, wir sind sehr bekannt in unserm Ort, und es ist schwer, wie, ich weiß nicht, ob das jeder verstehen kann, es ist sehr schwer mit sowas fertig zu werden, obwohl es ist nichts dabei, man muß nur darüber reden können.

M.: Das find ich auch.

S.: Ne? – – – Und André hat einfach die Tür zugemacht und ist gegangen.

M.: Können Sie das denn auch verstehen, warum er gegangen ist?

S.: Ich – ich kann es verstehen, aber – – – – Wir haben über – über alles geredet immer, ich habe mit vier Kindern, also mit diesen zwei Kindern von meinem Mann aus der ersten Ehe.

M.: Ja . . .

S.: Und wir sind bis heute noch ein Team, und das hat mir jedes Jahr Weihnachten und an seinem Geburtstag auch leid getan, daß er nicht mit unter uns war.

M.: Wird er denn jetzt wieder unter ihnen sein?

S.: Ja: hätt' er immer schon bei uns sein können, wenn er das nicht gemacht hätte jetzt, so wie er das gemacht hat.

M.: Mhm. Jetzt hat er ja das gemacht, daß er an uns herangetreten ist, das war für ihn glaub' ich sehr sehr schwer und ich denke was ihren kleinen Ort angeht, ähh es ist vollkommn wurscht, ob man Männer

S.: Ja ist mir auch.

M.: oder Frauen liebt, Hauptsache man liebt – und das tun sie

S.: Ist mir auch, mhm.

M.: *beide* und dazu kann ich sie wirklich nur beglück-wünschen.

((Beifall 13 Sek.))

M.: Und André hatte uns – geschrieben, daß er auch noch

S.: (tiefes Ausatmen)

M.: einen großen Wunsch hat und den wollen wir ihnen allen dann auch erfüllen. André?

K.: Ich wünsche mir von ganzem Herzen – daß ich mei-nen fünfundzwanzigsten Geburtstag – mit meiner ganzen Familie feiern kann. (weinend gesprochen)

S.: Bei uns zu Hause, ja?

(Beifall 40 Sek., währenddessen wird eine Geburtstags-torte hereingetragen, der Kandidat muß die Kerzen aus-pusten)

2. Profane Sakralisierung

Hier drängen sich unsere drei Fragen noch unmittelbarer auf als bei allen bisher betrachteten Sendungen:

Warum sind Menschen wie André Göbel bereit, sich mit ihren sehr persönlichen Erlebnissen und Anliegen im Fernsehen auszu-stellen? Warum schauen sich andere Leute solche Sendungen an, welches Vergnügen beziehen sie aus solchen Darbietungen? Welcher soziale Stellenwert kommt solchen zugleich inszenierten und realen Alltagshandlungen innerhalb dieser Sendung zu?

Diese Fragen lassen sich nur beantworten, wenn man darauf sieht, welche Veränderung die herkömmliche Alltagssituation, die in der Fernsehsendung nachgebildet wird, durch diese Nachbildung erfährt. Das Auffälligste ist, daß die Situation verzeihender Interaktion in der Fernsehsendung nicht einfach *gegeben* ist, sondern als solche gezeigt und *vorgeführt* wird. Alle einschlägigen Situationen in Sendungen dieser Art sind zugleich *Zeichen* der Situationen, die sie sind. Durch diese Zeichenhaftigkeit werden sie für andere – für das Saalpublikum und das vor den Geräten zu Hause – transparent; diese Transparenz einer eigentlich intimen Handlung verändert die Situation wiederum für die, die unmittelbar an ihr beteiligt sind. Dadurch, daß die Situation einer tatsächlichen privaten Begegnung zugleich zum Zeichen dieser Begegnung wird, ändert sich der Charakter dieser Begegnung fundamental.

Das wird deutlich, wenn wir uns daran erinnern, daß die Bitte um Verzeihung hier (wie in anderen Fällen auch) mit einem *Bekenntnis* verbunden ist. Anders aber als in allen herkömmlichen Formen, in denen eine »Freiwilligkeit der Selbstoffenbarung« angestrebt wird – in der Beichte oder beim Psychoanalytiker –, haben wir es hier nicht mit einer »verhüllten Enthüllung«, einer »Synthesis zwischen Selbstentblößung und Selbstverdeckung« zu tun, wie Alois Hahn die Beichte zutreffend charakterisiert hat. Das Bekenntnis bleibt hier nicht geheim, ganz im Gegenteil, es wird in aller Öffentlichkeit vollzogen. In der Sprache der Homosexuellen handelt es sich hier um ein »coming out«, das hier jedoch nicht nur gegenüber Freunden und Verwandten, Arbeitskollegen und Nachbarn, sondern zugleich vor der anonymen Öffentlichkeit eines Fernsehpublikums vollzogen wird.[58] Gleich-

---

58 A. Hahn, Zur Soziologie der Beichte und anderer Formen institutionalisierter Bekenntnisse: Selbstthematisierung und Zivilisationsprozess, in: Köl-

wohl bleibt die Bekenntnishandlung primär an eine ganz bestimmte dieser Gruppen, nämlich an die Familie und insbesondere die Stiefmutter adressiert, in der Hoffnung, daß die Sanktionen ausbleiben, deren befürchtete Wirkung die Offenbarung des Andersseins bislang verhindert haben. Der »Verzeih mir«-Kandidat in unserem Beispiel befürchtete, wie er wörtlich sagt, eine Zurückweisung durch seine Eltern und Geschwister. Diese Befürchtung muß er überwinden, wenn er um Verständnis und Verzeihung für seine verletzende Handlungsweise – den Abbruch aller Kommunikation – bitten will.

Warum aber wenden sich die Betroffenen zunächst ans Fernsehen und nicht einfach selbst an die jeweils Beteiligten? Die Angst vor der Konfrontation mit einer Ablehnung allein kann es nicht sein. Denn es gab auch durchaus schon Fälle, in denen die Kandidaten – in der Sendung – mit einer Zurückweisung ihrer Bitte um Verzeihung konfrontiert wurden, so z. B. im Fall einer Mutter, die auf den Namen ihrer Tochter große Bestellungen bei Versandhäusern getätigt hatte und der die Tochter in einer eingespielten Aufzeichnung mitteilte, sie könne ihr nicht verzeihen, und ins Fernsehen würde sie auch nicht kommen; oder im Fall eines Schülers, der qua Fernsehen seine Mitschüler wegen ausländerfeindlicher Äußerungen um Verzeihung bat, was diese

---

ner Zeitschrift für Soziologie und Sozialpsychologie, 34/1982, S. 408–434. Was sowohl ein Bekenntnis zur Homosexualität sich selbst als auch anderen gegenüber bedeutet. Wobei Homosexuelle selbst diesen Terminus des »coming out« in bezug auf verschiedene Adressaten oder Adressatengruppen benutzen. So z. B. »I came out with my parents« oder »She came out with her straight friends at work«. Nachdem jemand sich selbst über seine Homosexualität klargeworden ist und sich selbst als schwul oder lesbisch anerkannt hat, steht er gewöhnlich vor der Frage, wem gegenüber er/sie seine homosexuelle Identität offenbaren soll. Wie verschiedene ethnographische Studien gezeigt haben, stellt die Ursprungsfamilie für viele Homosexuelle ein besonderes Problem dar. Da für sie eine Zurückweisung durch die Familie natürlich eine ganz besondere Bedeutung hat, und da Homosexuelle typischerweise (und meist nicht zu Unrecht) von ihrer Familie annehmen, daß diese Homosexuelle ablehnt. Vgl. z. B. B. Ponse, Secrecy in the Lesbian World, in: *Urban Life*, Vol. 5 No. 3, Oct. 1976, S. 313–338.

aber verweigerten. Oder aber läßt sich die Ablehnung im Angesicht einer laufenden Kamera, eines Studiopublikums und einer Moderatorin und im Bewußtsein, daß Millionen von Menschen zusehen, immer noch leichter verkraften als eine Ablehnung »face-to-face«, von einem für einen persönlich wichtigen Menschen? Das mag in einigen Fällen so sein. Jedoch scheint es mir ganz verfehlt, die Rolle des Fernsehens bei solchen Situationen nur im Sinne einer Kontrollinstanz zu sehen, die es verhindert, daß denen, die sich durch eine Bitte um Verzeihung exponieren, nicht vollständig die kalte Schulter gezeigt wird. Denn durch den Auftritt im Fernsehen exponieren sich die Beteiligten ja um so mehr. Wir müssen vielmehr davon ausgehen, daß es dieses durchaus riskante öffentliche Sich-Exponieren ist, was die handelnd und zuschauend Beteiligten in einer solchen Sendung *suchen* – und zwar nicht lediglich im Sinne eines hilfreichen *Mittels*, sondern im Sinne einer gesteigerten *Form* der Ausübung der betreffenden sozialen Handlungen.

Was sie dabei suchen und auch finden (jedenfalls subjektiv zu finden meinen), ist ein grenzenloses, über die privaten und engeren sozialen Grenzen hinausgehendes, dies weit transzendierendes *Verstandenwerden*. Die, die hier um Verzeihung bitten, wollen *überhaupt* verstanden werden, nicht nur von denen, die es direkt angeht. Zwischen den verschiedenen Adressaten der Bitte um Verzeihung vermittelt die Moderatorin, die man in ihrer forcierten Empathie penetrant finden kann[59], durchaus effizient. Sie ermöglicht es den Betroffenen, mit ihren alltäglichen Zerwürfnissen für einen Augenblick aus dem Kontext des Alltags herauszutreten und sich in einer Weise zu offenbaren, wie das in den engen Grenzen des Alltags schlechterdings unmöglich ist. Die Sendung schafft ein Forum der Offenbarung vor einem unbestimmten Kreis: vor den Augen und Ohren eines neutralen Publikums, das

59 Die Affirmation der Kandidatinnen und Kandidaten, die bei Linda de Mol natürlich und spontan herauskommt, wie kalkuliert sie auch sein mag, bleibt bei Ulla Kock am Brink der Muffigkeit des pädagogischen Seminars verhaftet, wie sehr sie auch von Herzen kommen mag.

nicht in den jeweiligen Konflikten steht, das die Sache von außen sehen kann. Die Vielzahl der anonymen Zuschauer steht hier gleichsam für den in der Moderne leerstehenden Gottesstandpunkt, von dem aus sich die menschlichen Dinge in wahrer Objektivität und (wenn auch teilnahmsloser) Anteilnahme beurteilen lassen. Hier wird auch der verstanden und erhört, dessen Verzeihungswunsch von den direkten Adressaten nicht verstanden und erhört worden ist; ihm gilt das Mitleid und die Aufmerksamkeit, die er in seinem Kreis nicht genügend erhält. Das Publikum im Saal und erst recht daheim vor den Geräten behandelt alle gleich: Solange sie auf Sendung sind, läßt es sie alle so gelten, wie sie nun einmal sind.

Nicht zu verwundern braucht es einen von daher, wenn Ulla Kock am Brink am Ende der 25. »Verzeih mir«-Sendung den Brief eines *Pfarrers* vorliest und so die religiöse Komponente der Veranstaltung ausdrücklich benennt – und sich zu ihr bekennt:

> **Moderatorin**: Sie beide sind *vorläufig* meine letzten beiden Gäste. Vielen Dank, daß Sie gekommen sind, aber es geht weiter, nämlich im Dezember – dann kommen wir nämlich wieder. Aber was mich beruhigt – das wollte ich Ihnen doch noch zeigen, ist folgendes. Ein Pfarrer aus Augsburg hat uns geschrieben, daß er unsere Idee jetzt aufgreifen will – also: »Wenn Sie«, steht in dem Brief, »liebes Gemeindeglied, sich mit jemand entzweit haben, aus welchem Grund auch immer, und zu einer Versöhnung bereit sind, geben Sie mir die entsprechende Adresse und einen schönen Blumenstrauß. Ich bin bereit, für Sie den ersten Schritt zu tun.« – Find ich klasse, Herr Kollege, daß *Sie* mich inzwischen vertreten, dann können *wir* nämlich bis Dezember in aller Ruhe Pause machen. Alles Gute für Sie alle – bis bald, Tschüss!
> (Beifall + »Verzeih mir«-Erkennungsmelodie)

Bleibt die Frage, warum nicht nur die wenigen Teilnehmer, sondern auch die vielen Zuschauer offenbar etwas von diesen Sendungen haben. Natürlich spielt hier das Interesse an emotionaler Beteiligung eine große Rolle sowie ein gewisser Genuß der Schadenfreude oder ein Mitempfinden der Freude, die man empfinden kann, wenn andere sich freuen, ihr Leid klagen oder um Verzeihung bitten. Aber dies kann das Interesse an dieser Sendung allein nicht erklären; denn beide Bedürfnisse werden auch von manch anderem Sendungstypus bedient. Meine These lautet, daß den Teilnehmern und den Zuschauern trotz ihrer sehr unterschiedlichen Position und trotz der oben erwähnten Asymmetrien etwas *gemeinsam* ist: das Bedürfnis nämlich, in einer Welt zu leben, in der es jenes externe Verständnis für das Glück und die Not des eigenen Liebens und Leidens gibt; in einer Welt überdies, in der dieses Verstehen einen festen Ort hat, an dem es zelebriert werden kann. In diesem Sinn – aus diesem Interesse – bilden die Interessenten am performativen Realitätsfernsehen durchaus eine *Gemeinde*: die Gemeinde derer, die ihren profanen Alltag in ein höheres Verständnis aufgehoben sehen möchte, und sei es auch auf eine so unverbindliche und wiederum alltägliche Weise, wie es vom heutigen Fernsehen angeboten wird. Aber das dürfte selbst wieder eine zentrale Konfession dieser Gemeinde sein: Das Sakrale soll keinen sakralen Anstrich haben, sondern die Gemeinde als Show unterhalten.

Wenn das zutrifft, ist die Suche nach einer höheren Form des Verstandenwerdens auf seiten der Teilnehmer durchaus berechtigt: Sie finden hier eine Gemeinde, die ein offenes – wenn auch für die konkrete Person gleichgültiges – Ohr für ihre Nöte hat. Sie treten ein in einen quasi-sakralen Raum, in dem ein versöhnendes Verständnis (fast) aller für (fast) alle zelebriert werden kann. Es liegt daher nahe, hier von einer religiösen oder – angemessener – einer quasi-religiösen Kommunikation zu sprechen, die die *in* den Sendungen Agierenden *vollziehen*, der die als Zuschauer *an* den Sendungen Beteiligten *beiwohnen*. Einmal mehr zeigt sich hier, daß die Wirklichkeit der Sendung eine ganz andere als die der Zuschauer zu Hause ist, obwohl sie beide einander wechselseitig voraussetzen. Die quasi-religiöse Kommunikation *in* der

Sendung kann sich nur vollziehen, weil drinnen und vor allem draußen eine anonyme Gemeinde sitzt, die dieser Kommunikation beiwohnt. Das Zuschauen bei dieser Veranstaltung ist wiederum nur möglich, weil sich Leute gefunden haben, die sich auf die von der Sendung vorgegebene Form des öffentlichen Bekenntnisses einlassen wollen. Wieder ist zu sagen: Nur im Bewußtsein dieser Differenzen haben die Rollen, die die verschiedenen Parteien einnehmen, für diese Beteiligten überhaupt einen Sinn. Nur aus der Verschiedenheit ihrer Positionen heraus können sie alle zu Teilnehmern einer quasireligiösen Gemeinde werden, die weit über die Grenzen der Medienwelt hinausreicht.

Der Begriff »Religion« darf in diesem Zusammenhang nicht zu eng gefaßt werden. Definiert man unter Religion nicht lediglich über das, was »religiöser« Inhalt gelten kann, sondern über ihre Funktionen, so kann man Religion in Anlehnung an Thomas Luckmann alle diejenigen Praktiken und Erfahrungen verstehen, mittels derer sich eine Kultur gemeinschaftsbildender Transzendenzen versichert.[60] Von Transzendenz kann hierbei grundsätzlich in zweierlei Bedeutung gesprochen werden. Diese kann ihre gemeinschaftsstiftende Wirkung erstens durch einen Bezug auf etwas – das Heilige, Andere, Numinose – entfalten, das der menschlichen Lebenswelt übergeordnet ist; sie kann diese Wirkung aber zweitens durch eine Eröffnung außeralltäglicher Erfahrungsbereiche leisten, die nicht – jedenfalls nicht konstitutiv – von einem Glauben an eine höhere, schlechthin transzendente Instanz oder Ordnung getragen sind. Mit einem Wort, die hergebrachte soziale Funktion der Religion kann durch (eher) sakrale oder durch (eher) profane Praktiken übernommen werden. Nur im ersten Fall möchte ich von traditionellen oder modernen *Formen* der Religion sprechen; im zweiten Fall handelt es sich um *Äquivalente* einer (ehemals) religiösen Praxis, die nicht selbst als Religion im engeren Sinn anzusprechen sind, soll nicht der Un-

60   T. Luckmann, Die unsichtbare Religion, Frankfurt/M. 1991, S. 165.

terschied zwischen sakraler und profaner Transzendierung des Alltäglichen verwischt werden.

Im Sinne dieser Unterscheidung stellen »Verzeih mir« und andere Sendungen *Äquivalente religiöser Praxis* bereit. Sie betreiben eine Sakralisierung der sozialen Interaktion, jedoch auf eine recht profane Weise: ohne den Glauben an einen höheren Sinn oder eine höhere Instanz zu fordern. Der höhere Sinn und die höhere Instanz liegen hier allein in der *Form der Inszenierung* der alltäglichen Konflikte, um die es geht. Was dies für den Gehalt der in diesem Rahmen vollzogenen Interaktionen bedeutet, werde ich erst im IX. Kapitel erörtern.

Es wäre ein eigenes Thema, zu untersuchen, wie sich profane und sakrale Transzendierungen der alltäglichen Welt in ihrer sozialbildenden Kraft zueinander verhalten. Dabei wäre zu betrachten, wie die eher profanen »Äquivalente« ehemals religiöser Praxis – neben dem Fernsehen z. B. Sport und Kunst, die ihre Präsenz im öffentlichen Bewußtsein ebenfalls sehr stark den Medien verdanken [61] – zu den Elementen einer sakralen Transzendierung der Wirklichkeit stehen: wie sie sie aufnehmen, umbilden, ersetzen oder auch liquidieren. Dies würde zu Betrachtungen darüber führen, wie viel und welche Art institutionalisierter Außenerfahrung heutige Gesellschaften in ihrem Inneren brauchen – oder, auf der Seite der Individuen, wie viel und welche Art der Teilnahme an sozialen Überschreitungspraktiken heutige Individuen im Prozeß ihrer Identitätsbildung nötig haben. Hier muß die Beobachtung genügen, daß es sich bei »Verzeih mir« um eine solche den Beteiligten vom Fernsehen zur Verfügung gestellte Überschreibungspraxis handelt – eine Praxis, an der auch die Zuschauer insofern teilnehmen, als es konstitutiv für diese Praxis ist, daß eine anonyme Masse von Zuschauern da ist, die mit Neugier den Wandlungen der sündigen Seelen folgt.

---

61 Ein anderes Beispiel wären »meditative« Praktiken, von denen heute sowohl ein profaner als auch ein im engeren Sinn religöser Gebrauch gemacht wird.

VII.

»Nur die Liebe zählt«

Die abschließend zu betrachtende Sendung bringt keine grundsätzlich neuen Elemente mehr ins Spiel, aber eine neue Kombination dieser Elemente: Was wir aus »Traumhochzeit«, »Verzeih mir«, aus der »Rudi Carrell-Show« (oder der ebenfalls zunächst von Rudi Carrell moderierten Sendung »Herzblatt«) kennen – hier ist es in einer Sendung vereint. Hier werden Paare erstmals und nochmals zusammengebracht; jedesmal wird das soziale Band der Liebe besungen.

1. Zur Dramaturgie der Sendung

»Nur die Liebe zählt« wird ebenfalls bei RTL ausgestrahlt, jedoch Samstag abends von 19.10–20.15 Uhr, also im sogenannten Vorabendprogramm. Die Teilnehmer sind im Durchschnitt jünger als bei der »Traumhochzeit«; zu einem großen Teil geht es um Beziehungsangelegenheiten vor der Stufe Ehe, um das Kennenlernen, die Paarbildung und die Lösung erster Krisen. Zielpublikum sind die 18–29jährigen; der Sendetermin ist den Bedürfnissen und Gewohnheiten dieses Publikums angepaßt, er liegt zu einer Zeit, zu der auch die noch zu Hause sind, die später vielleicht ausgehen wollen.

Im Zentrum der Sendung steht wie bei »Verzeih mir« die Versöhnung Zerstrittener, in diesem Fall zerstrittener Liebespaare. Umrahmt wird das Ganze von einer »Video-Kontaktanzeige«, deren erste Erfolge wir miterleben dürfen. Zu Beginn jeder Sendung treten die Bewerber bzw. Bewerberinnen auf, die sich auf eine in der Sendung zuvor ausgestrahlte Kontaktanzeige gemeldet haben. Sie werden zusammen mit dem bzw. der Kontaktsuchenden in ein gläsernes »Bistro« eingesperrt, das innerhalb des Studios in erhöhter Position aufgebaut ist. Aus diesem werden sie erst wieder herausgelassen, wenn die oder der Betreffende ihre Wahl getroffen hat (was freilich noch in der Sendung zu geschehen hat). So hatte Silke aus Hamburg zum Beispiel die Wahl zwischen Markus, Achim, Jens, Theo, Patrick, Ralf, Niels, Uwe und Stefan und entschied sich für Niels, weil er »auch Gitarre spielt« und so »zurückhaltend« ist. Als Belohnung oder Ansporn erhalten die beiden dann die »Nur die Liebe zählt«-CD und ein Abendessen zu zweit.

Wie es ihnen weiter ergeht, darüber erfahren wir allerdings in der Regel nichts – es sei denn, die junge Liebe (einmal angenommen, sie sei auf diesem Wege entstanden) würde einmal in die Krise geraten: Was läge näher, als sich wieder an die Institution zu wenden, die die beiden auch zusammengebracht hat. Dann könnte es so kommen, daß Kai Pflaume, der stets mit Wet-Gel frisierte und nach dem neuesten Schick gekleidete jugendliche Moderator der Sendung, in einem eigens dafür hergerichteten Wohnwagen jenem Niels eine Videobotschaft von seiner Silke vorspielen würde, um diesen dann, sofern er sich bereit erklärte, ihr zu verzeihen, mit diesem Gefährt direkt vor die Füße bzw. Augen seiner nun wieder angebeteten Silke zu befördern. Fielen sich die beiden dann auch noch mit oder ohne Seitenblicke auf die laufenden Fernsehkameras in die Arme, hätten sie gute Chancen, noch einmal auf jenem zentralen Sendungssofa Platz nehmen zu dürfen, das sich nur in der Farbe (diesmal ist es rot) vom »Verzeih mir«-Sofa bei Ulla Kock am Brink unterscheidet. Manchmal findet die Versöhnung auch in dieser Sendung erst auf diesem Sofa statt – ganz wie bei »Verzeih mir«, und wie dort dürfen wir es »live« miterleben.

Der Mut, den es – wie der Moderator der Sendung nicht müde wird, zu wiederholen – erfordert, sich ans Fernsehen zu wenden, wird in aller Regel auch belohnt. So geht der Wunsch von Sabine, sich wieder mit Bea zu versöhnen und mit ihr - gegen die Widerstände von Familie, Bekannten und Freunden – zusammenzuleben, in Erfüllung. Das Glück tritt jedoch erst ein, nachdem Kai Pflaume Bea ein Video von Sabine überbracht und vorgespielt hat, in dem Sabine Bea ihre Liebe versichert und sie um eine Rückkehr bittet und Bea daraufhin wieder mit Sabine leben will. In der Sendung – auf dem Sofa mit Kai Pflaume – bestätigt Bea, an diesem Entschluß, auch gegen den Widerstand ihrer Eltern und der Familie, festhalten zu wollen. Zustande kommen konnte alles dies nur, weil die 11jährige Tochter von Sabine ein Fan dieser Sendung ist und hier gesehen hat, daß »zwei Männer sich geküßt haben« und daraufhin ihre Mutter mit den Worten ermunterte: »Wenn zwei Männer sich küssen dürfen, dann darfst du das doch auch, Mutti. Schreib doch mal, telefonier' doch mal.« Ihr gebührt denn auch, wie Kai Pflaume meint, ein ganz besonderer »Riesendank« und die in dem »Nur die Liebe zählt«-Kuvert enthaltenen 500,- DM, die dieses Paar wie alle anderen für ein gemeinsames Essen oder »sonstwas Schönes« erhält.

Der Topos »Wir gegen den Rest der Welt« findet sich auch in einem Liebeslied, das die von der Familie ihres Freundes abgelehnte Simone ihrem Thomas zum Dank dafür singt, daß er dennoch zu ihr gehalten hat. Diese Art der öffentlichen Liebeserklärung, wie wir sie schon aus den ersten Folgen der von derselben Produktionsgesellschaft produzierten Sendung »Traumhochzeit« kennen, wurde dort zwar abgeschafft, bei »Nur die Liebe zählt« aber erlebt sie ihre Wiederauferstehung.[62] So singt denn auch Manfred seiner Ehefrau Yvonne ein Lied davon, daß nur sie ihm die Kraft gegeben habe, die Zeit im Gefängnis zu überstehen und die Schulden zu tilgen, und davon, wie sie beide das alles

---

62 Wie in der Natur, so geht auch in der Unterhaltungsbranche nichts wirklich verloren.

gemeistert haben. »Wahnsinn« kann Yvonne da nur noch stammeln (denselben Kommentar, den auch Thomas abgab), als sie von 500 roten Rosen umstellt wird und der Moderator sie fragt: »Kann man eine schönere Liebeserklärung bekommen?« Die Aufführung einer solchen fernsehöffentlichen Liebeserklärung zählt als nicht zu übertreffender Beweis echter Liebe.

So schön das alles klingt, bei näherem Hinsehen tun sich gelegentlich Abgründe auf. Kathrin aus Bad Reichenhall zum Beispiel weiß sich nicht anders zu helfen, als Kai Pflaume ihr Herz auszuschütten. Ihr Mann Wolfgang hat sie verlassen, weil sie sich zu oft mit seinem Bruder getroffen hat, was sie, wie sie sagt, wiederum nur getan hat, weil Wolfgang sie mit ihrem kleinen Kind zu oft allein zu Hause sitzen gelassen hat. Als Wolfgang mit Kathrins Video konfrontiert wird, in dem sie ihn beschwört, »Ich brauche dich, denn ich liebe wirklich nur dich!«, ist er plötzlich zur Versöhnung bereit. Er ist bereit, mit dem Fernsehteam umgehend mit zu Kathrin zu fahren und ihr zu verzeihen, obwohl nach der Darstellung Kathrins keineswegs klar ist, was es hier eigentlich zu verzeihen gibt. Nicht nur, daß Wolfgangs Blicke bei der Versöhnung mehr den Fernsehkameras als seiner Frau gelten, er stellt auch noch eine Bedingung: »daß absolut – daß kein Kontakt zu meinem Bruder mehr herrscht«. Nicht nur dazu erklärt Kathrin sich bereit, sondern auch dazu, Wolfgangs Ziel – die Erlangung ökonomischer Unabhängigkeit – auch dann mitzutragen, wenn dies für sie bedeuten würde, sich selbst »völlig aufzugeben«. Dies nötigt sogar Kai Pflaume die Bemerkung ab: »Ihr habt beide noch viel vor, viel Glück auf diesem Weg – und überleg dir das nochmal.« Der Slogan, daß nur die Liebe zähle, überdeckt hier den Umstand, daß in dieser Liebe nur einer zählt – ein klassischer Fall erpreßter Versöhnung.

Für den Ablauf der Sendung spielt freilich nicht die Qualität, sondern das Faktum der Versöhnung eine Rolle. Solange die Dramaturgie der Sendung erfüllt ist, ist nach den Maßstäben der Sendung auch alles gut. Dieses Gute darf sich der Sender zu einem guten Teil selbst zuschreiben; er bringt es in vielfältiger

Gestalt unter die Leute. Wie weiland bei Rudi Carrell werden hier auch noch Wünsche erfüllt, diesmal weniger »Lebenswünsche« als »Liebeswünsche«. Der Modus der Wunscherfüllung bleibt derselbe: Das Fernsehen als Glücksbringer vollbringt es, zu vereinen, wo die Widrigkeiten des Lebens bislang trennten. Liebespaare, die aus den verschiedensten Gründen gezwungen sind, (Länder und Kontinente entfernt) getrennt zu leben, dürfen sich nach Tagen, Monaten oder Jahren der Trennung wieder in die Arme sinken. Stets werden die Betroffenen von ihrem Glück überrascht: Zu Ostern von einem Osterhasen Kai Pflaume, der an der Haustüre klingelt, oder die Überraschten sitzen rein »zufällig« unter dem Studiopublikum und werden auf die Couch gebeten, um dort dann das Objekt ihrer Sehnsucht in die Arme schließen zu können. Zur Unterhaltung von vielen werden Freude und Versöhnung gezeigt, die das Fernsehen einigen wenigen verschafft. Wer an dem medial gestifteten Glück unmittelbar teilhaben möchte, wird in jeder Sendung mehrfach dazu aufgefordert, sich bei RTL zu melden: »Sind auch Sie heimlich verliebt oder möchten Sie Ihrem Partner auf ganz besondere Weise danken, dann rufen Sie uns an!« oder: »Kennen Sie zwei, die nicht zueinander finden« – auch dann will RTL helfen und das Glück zu denen bringen, die den Sender und seine Gaben zu empfangen vermögen.

2. Kommunikation als Kommunion

Diese karitative Seite des Senders dürfte den Zuschauern gleichgültig sein, sofern sie sie nicht ohnehin als eine relativ neue Methode durchschauen, Mitakteure für die eigenen Shows zu rekrutieren. Die Zuschauer interessieren sich für die Schicksale von Leuten, mit denen sie nichts zu tun haben: Sie wollen Probleme, wie sie oftmals ihre eigenen sind, in der Distanz zur Betrachtung haben. Indem sie aber diese Distanz einnehmen, nehmen sie ihre von der Sendung vorgezeichnete Rolle ein, als unerkannte Zuschauer ein anonymes Forum der Zurschaustellung privater Freuden und Leiden zu bilden. Auf die eine oder andere Weise – live oder per nachträglicher Ausstrahlung – sind sie dabei, wenn die anderen von sich etwas preisgeben mit dem Ziel, eine Krise ihres Lebens zu bewältigen oder einen Höhepunkt ihres Lebens zu feiern. Um dieses Dabeisein geht es den Zuschauern; sie wollen *miterleben*, auf welche Weise die Kandidaten ihre Einigung zustande bringen. Die Beteiligten hingegen wollen ihre Einigung *vollbringen* und/oder feiern. Das Spiel, die Reden, die eingeblendeten »Außenoperationen« der Sendung dienen diesem Ziel: die Beteiligten unter erschwerten Bedingungen zur Ausstellung ihrer Einigkeit zu bewegen. Es gilt Reunion und Kommunion zu feiern.

In diesem Punkt – aber nur in diesem – ist das Interesse der Zuschauer dem der unmittelbar Beteiligten sehr ähnlich. Beide Seiten machen die Erfahrung eines einigenden Dabeiseins – die einen aus sicherer Entfernung (auch in der Distanz zum Um- oder Ausschalten), die anderen im Mittelpunkt der Aufmerksamkeit eines unübersehbar großen Publikums. Was alle Beteiligten hier zu einer Orgie des Verstehens zusammenführt, sind jene Formen der Interaktion und Kommunikation, die das Fernsehen für die jeweilige Sendung bereitgestellt hat. Ihr erster Sinn ist es, die Leute zu einer Gemeinde regelmäßiger Zuschauer zu formen. Diesen Zuschauern wird die Teilhabe an einem durch die Form der Sendung generierten, das begrenzte und banale alltägliche Miteinander transzendierenden Sinn versprochen. In dieser Absicht führen die kommunikativen Veranstaltungen der Liebes- und Versöhnungsshows die auf ganz unterschiedliche Weise aktiv und rezeptiv Beteiligten zu einer »Kommunion des Dabeiseins« zusammen, wie es bei Gadamer im Blick auf die Rezeptionssituation der griechischen Tragödie heißt.[63] Gegenstand der

---

63 Als »Kommunion des Dabeiseins« beschreibt Gadamer die Rezeptionssitua-
    tion der griechischen Tragödie: H.G. Gadamer, *Wahrheit und Methode*, (4)
    1975, S. 126.

Vereinigung ist hier freilich kein übergreifender religiöser oder politischer Inhalt, sondern allein das Allesverstehenkönnen selbst. Das Ziel der als Show veranstalteten Kommunikationen ist eine »formale« Kommunion: sich darin einig zu wissen, daß in der Fernsehgemeinde alle allen für die Dauer ihres Auf-Sendung-Seins Verständnis entgegenzubringen vermögen. Diese Kommunion darf man sich nicht allzu salbungsvoll vorstellen: Lachen, Schadenfreude, Peinlichkeit, Reiz und Rührung – all das gehört dazu, wenn sich Menschen die Zeit damit vertreiben, sich weitgehend konsequenzlos mit ihren Mitmenschen verbunden zu fühlen.

Man muß diese Konstruktion einer Atmosphäre der Einigkeit in einem größeren Kontext sehen. Für eine Bitte um Verzeihung wie für einen Heiratsantrag, eine Liebeserklärung und viele andere soziale Verhaltensweisen braucht man offensichtlich nicht nur den guten Willen, sondern auch eine kommunikative oder symbolische Form, diesem Willen Ausdruck zu verleihen. So kennen wir die Beichte als eine Form eines institutionalisierten Bekenntnisses, die als eine Form der »Selbstthematisierung« für die Identitätsbildung eines Individuums über Jahrhunderte hinweg von großer Bedeutung war. In der modernen Gesellschaft der Gegenwart allerdings, in der die Vielzahl der Gruppen, denen wir angehören, es ausschließt, daß wir auf ein einheitliches Selbst fixiert werden, sind Selbstthematisierungen zwar nicht etwa bedeutungslos geworden, aber ihr Charakter hat sich, wie Alois Hahn hervorhebt, stark gewandelt. »Einerseits ist das Selbst, das dieserart thematisiert wird, in einem vorher unerhörten Maße privatisiert, d. h. es ist – wenn überhaupt für jemanden – allenfalls für seinen Träger verbindlich, und auch das nur begrenzt. Innerhalb dieses privaten Rahmens der Selbstthematisierung (zur Privatheit dieser Art steht natürlich nicht im Widerspruch, daß die Agenturen, derer man sich dabei bedient, hochgradig organisierte, oft kommerzialisierte, meist höchst professionelle Instanzen sind) herrscht nun eine Pluralität von Techniken der Identitätsbildung, Berger und Luckmann haben von Identitätsmärkten gesprochen.«[64]

Mit einem dieser Märkte, den Massenmedien, haben wir es hier zu tun, und zwar in einer ganz besonderen Art und Weise. In einer Welt, in der eine Sphäre überpersönlicher, den Alltag transzendierender Werte und Normen weder durch einen spezialisierten Bereich religiöser Institutionen noch durch andere primäre öffentliche Institutionen vermittelt wird, tritt das Fernsehen oft genug – und gewiß in den hier behandelten Sendungen – in die Rolle eines sekundären Sinnproduzenten ein, der alltägliche Erfahrungen in einer überhöhenden Weise konturiert. Den Sinnhorizont des Alltags transzendierende Themen, Werte und Normen entspringen aber in der modernen Welt weitgehend aus Erfahrungen in der Privatsphäre. »Sie beruhen hauptsächlich auf Gefühlen und Empfindungen und sind so instabil, daß ihre Artikulationen Schwierigkeiten bereiten. Sie sind in hohem Maße ›subjektiv‹, d. h., sie werden nicht von primären Institutionen verbindlich festgelegt. Sie können aber von sozusagen ›sekundären‹ Institutionen aufgenommen werden, die die ›privaten‹ Bedürfnisse ›autonomer‹ Konsumenten eigens beliefern. Diese Institutionen versuchen, die in der Privatsphäre aufkommenden Themen zu artikulieren und sie dann päckchenweise den potentiellen Konsumenten wieder anzubieten.«[65] Das berechtigt, so Thomas Luckmann weiter, »zu der Annahme, daß sich die vorherrschenden individuellen Systeme ›letzter‹ Bedeutung aus einer losen und zerbrechlichen Hierarchie von ›Meinungen‹ zusammensetzen, die die vom Affekt geleiteten Handlungsentscheidungen des ›privaten‹ Lebens zu rechtfertigen haben.«[66]

Hier setzen Sendungen wie »Traumhochzeit«, »Verzeih mir«

---

64 A. Hahn, Zur Soziologie der Beichte..., a. a. O. Hahn bezieht sich hier auf: Peter Berger / Thomas Luckmann, Social Mobility and Personal Identity, in: *Archives Europeennes de Sociologie* 5/1964, S. 337.
65 T. Luckmann, *Die unsichtbare Religion*, Frankfurt/M. 1991, S. 147.
66 Ebd., S. 148.

oder »Nur die Liebe zählt« an. Dabei liegt die Sinnstiftung im heutigen Fernsehen keineswegs allein in der Ausformung von *Meinungen* über erste und letzte Dinge. Es stellt vielmehr in seinen neuen, die reale Lebenssituation seiner Akteure einbeziehenden Sendungen *Formen der Artikulation* privater Nöte und Freuden bereit, die selbst schon eine Transzendierung der Vereinzelung des alltäglichen Erlebens bewirken. Ein größeres Publikum wird zum Zeugen[67] des gegenüber den Interaktionspartnern beteuerten guten Willens. Hieß es früher: »Der Herr ist mein Zeuge«, so kann nun das private Ereignis vor der diffusen Öffentlichkeit eines Massenpublikums besiegelt werden. Mit dem performativen Wirklichkeitsfernsehen stellt das Medium den Raum einer Sakralisierung profaner Lebenswirklichkeit bereit. Daß diese Sakralisierung verglichen mit allen *herkömmlichen* religiösen Praktiken selbst eine höchst profane Angelegenheit ist, tut nichts zur Sache. Denn funktional sind die Leistungen durchaus äquivalent: dem kontingenten Schicksal des einzelnen – und modern vereinzelten – Lebensvollzugs die Form einer objektivierenden Durchsichtigkeit zu geben. Das Versöhnliche an »Verzeih mir« und anderen Sendungen ist weniger, daß eine Versöhnung zustande gebracht wird (denn wer weiß schon, ob die Versöhnung in der Echtzeit des Alltags hält), sondern vielmehr das Versprechen, einmal von vielen, und gerade von solchen, die außen stehen, *verstanden* werden zu können. Ihr werdet verstanden, es nimmt jemand an Eurem Leben teil: in Eurem Elend und Eurem Glück. Das ist die im Kern religiöse Botschaft, die diese Sendungen vermitteln.

Freilich bietet das Unterhaltungsfernsehen keineswegs durchgängig eine quasireligiöse Praxis an. Es wäre wenig plausibel, Sendungen wie »Verstehen Sie Spaß?«, »Wetten daß?« oder auch die »Rudi-Carrell-Show« so deuten zu wollen. Schon der zarte bis derbe Zynismus ihrer Moderatoren steht dem entgegen. Trotz-

---

67 Nicht aber zum Bürgen: diese beiden traditionell oft verbundenen Rollen bleiben hier strikt getrennt.

dem, so möchte ich behaupten, gibt es zwischen den quasi-religiösen Vereinigungshows und den übrigen, ganz ohne Überhöhung und Transzendenz arbeitenden Unterhaltungssendungen eine wichtige Gemeinsamkeit. Immer – von Hans Meiser bis zu »Verstehen Sie Spaß?«, von »Verzeih mir« bis hin zu »Wetten daß?« – geht es um eine sei es überhöhende, sei es als Spiel veranstaltete, sei es doppelbödig hintersinnige Apologie der Normalität des Menschen. Auch für die, denen auf Weisung einer boshaften Regie ein komisches Unglück passiert, stellt die Couch des Harald Schmidt ein Forum bereit, auf dem sie sich uns – den anonymen Betrachtern - in ihrer Normalität, als Menschen wie du und ich darstellen können. Nicht anders steht es mit den Kandidaten bei »Wetten daß?«, die so erstaunlich Nutzloses zu vollbringen wissen; sie können beweisen, was im einfachen, d. h. nicht an prominenter Stelle im Fernsehen tätigen Menschen steckt. Auch hier hat das Endlosband der in den Sendungen und durch die Sendungen aufwendig hergestellten Kommunikationsverhältnisse letztlich das Ziel einer alle Teilnehmer und Empfänger umfassenden Kommunion: in unseren Schwächen, Marotten, Nöten und Freuden sind wir alle Angehörige *einer* allzumenschlichen Welt, deren erster Prophet nun einmal das Fernsehen ist.

Das Fernsehen macht sich in den hier besprochenen Unterhaltungssendungen in recht verschiedenen Formen zum *Anwalt* einer Welt des normalen Lebens – einer Welt, die *nicht* die ihre ist. Es lädt die Akteure dieser Welt beharrlich zu sich ein und nimmt einen durchaus massiven Einfluß auf diese Welt, dem sich deren Bewohner in ihrer großen Mehrheit auch gerne aussetzen. Aber keinem außer unseren schnellen Theoretikern käme in den Sinn, diese beiden Welten zu verwechseln. Denn der ganze Effekt dieser Sendungen, durch diverse Veranstaltungen bruchstückhafte Anschauungen dieser Welt zu bieten – uns mit unserer Welt zu unterhalten – wäre ausgeschaltet, wenn sie beide – die im Fernsehen gezeigte und die alltägliche (auch während des Fernsehens) gelebte Wirklichkeit – nicht länger unterscheidbar wären.

VIII.
Aufwertung oder
Entwertung des Alltags?

Wir haben verschiedene Unterhaltungsshows kennengelernt, die mit unterschiedlicher Penetranz in den Alltag der Menschen eingreifen: sei es von außen in der Entstellung einer normalen Situation, sei es begleitend in einer festlichen Überhöhung, sei es von innen im Angebot einer in medialen Formen vollzogenen Korrektur ihrer Lebensweise. In allen Varianten stehen die Beteiligten (neben den Moderatoren) als Subjekte ihres realen Lebens im Mittelpunkt der Sendung: sei es in unerklärlicher (komischer) Notlage, sei es in der spielerischen Selbstdarbietung, sei es im Versuch der ernsthaften Bewältigung eines persönlichen Konflikts. Jedesmal geben die Sendungen Formen vor, richten Formen ein, stellen Formen zur Verfügung, in denen die Menschen Alltägliches auf außeralltägliche Weise zu bewältigen haben oder bewältigen können. Jedesmal verleiht die Fernsehsendung den alltäglichen Verhaltensweisen eine – sei es scherzhaft, sei es zum festlichen Spiel, sei es in therapeutischer Absicht – veränderte Form. Die Frage, die bis jetzt offengeblieben ist, gilt der Wirkung dieser artifiziellen Formen: In welcher Weise wirken sie auf die alltäglichen, nicht medial inszenierten Verhaltensweisen – sollen und können sie diese ersetzen; werten sie diese auf oder werten sie diese ab? Es ist dies der normative Teil jener dritten Frage, die uns von Anfang an begleitet hat: Wie die mediale Integration und Umformung alltäglicher Verhaltensweisen auf das alltägliche Verhalten zurückwirkt.

1. Die Macht der Formen

Ein Teil der Antwort ist durch die bisherige Betrachtung bereits gegeben. Eine Ersetzung der alltäglichen Orientierungen durch die Handlungsformen, wie sie im performativen Realitätsfernsehen ausgeübt werden, ist gar nicht möglich und daher auch nicht zu befürchten. Die Leistungen, die in den betrachteten Shows angeboten werden, sind solche der Reparatur, der Steigerung oder der Subversion der im Alltag etablierten Umgangsweisen. Alle diese Operationen hängen von der Eigendynamik alltäglicher Interaktionen ab, schließen an sie an, greifen in sie ein – können und wollen sie jedoch niemals ersetzen. Wie mehrfach betont, ist es das Prinzip dieser Shows, Elemente des alltäglichen Lebens in das Spiel, die Inszenierung, den Ablauf der Sendungen hereinzuholen; es geht darum, »das Leben selbst« auf die Bühne der unterhaltenden Kunst zu locken. Vom ersten bis zum letzten Augenblick aber lebt diese Kunst davon, daß es da ein soziales Leben gibt, das sich nach eigenen Gesetzen vollzieht, wie selbst von euphorisierten Medientheoretikern in wachen Momenten zugegeben wird.[68] Die Sendung kann sich aus diesem Leben nur bedienen, weil es ein Leben vor und nach der Sendung gibt, das sich nicht nach den Regeln der Sendung, sondern nach seinen eigenen Regeln vollzieht. Alle Überlagerungen der beiden »Regeln«, Orientierungen, Verhaltensarten, wie sie heute auf beiden Seiten gang und gäbe sind, zehren von dieser Differenz und bestätigen sie gerade dort, wo sie auf den ersten Blick zu verschwin-

---

68 So merkt Norbert Bolz gegen Baudrillards Spekulation über einen medialen Ausstieg aus der Kommunikation kritisch an, dieses Modell einer Ersetzung der hergebrachten intersubjektiven Verkehrsformen durch die medialen funktioniere nur, »soweit das, was sich zwischen Menschen und Institutionen abspielt, auf Datenflüsse reduzierbar ist. Auf seine Grenze trifft der Medienbegriff offenbar bei strikt intersubjektiver Kommunikation.« (*Theorie der neuen Medien*, a.a.O., S. 141) Das Wörtchen »offenbar« drückt die ganze Enttäuschung des mit einer störrischen Realität konfrontierten Simulationstheoretikers aus.

den scheinen. Ein in zeitlichen und räumlichen und sozialen Dimensionen offener Alltag, der von Inszenierungen *beeinflußt* oder auch *durchzogen* ist, ist etwas ganz anderes als eine zeitlich, räumlich begrenzte und einer detaillierten Regie unterliegende Sendung, die im ganzen eine Inszenierung *ist*.

Die Frage der Aufwertung oder Entwertung ist schwerer zu entscheiden. Wahrscheinlich ist beides richtig. Natürlich liegt eine Entwertung der Praxis des Verzeihens darin, wenn nur auf indirekten Wegen, durch die Vermittlung einer Agentur, um Verzeihung gebeten werden kann. Andererseits ist im Gang zu den Sendungen auch eine größere Verbindlichkeit gesucht, und manchmal vielleicht gegeben: Die Zeugen aus dem (entfernteren) Bekanntenkreis legen die Interaktionspartner bei weitem stärker auf ihren guten Vorsatz fest, als wenn sie mit der Sache unter sich geblieben wären. Falls es so ist[69], könnte man befürchten, daß die Verbindlichkeit »normaler« Interaktionen durch diese Veranstaltungen geschwächt werden kann. Jedoch ist diese Verbindlichkeit wiederum eine Voraussetzung der medial eröffneten Sonderformen ihrer Realisierung; gäbe es keine Verbindlichkeiten des Versprechens, Gestehens, Verzeihens usw. im alltagspraktischen Zusammenhang, wäre die ganze mediale Überhöhung unmöglich, da sie im Namen dieser alltäglichen Verbindlichkeit operiert. Von einer »Kolonialisierung« der lebensweltlichen Praxis durch das Realitätsfernsehen könnte erst die Rede sein, wenn sich die Differenz zwischen interner und extern gestützter oder verstärkter Verbindlichkeit von Interaktionen auflösen würde: wenn nur noch dasjenige als Versprechen, als echtes Versprechen gälte, das auf den öffentlichen Foren des Fernsehens und Radios abgegeben würde. Derlei ist kaum zu befürchten. Die Resistenz der lebensweltlichen Orientierungen – anders gesagt: die Unumgänglichkeit direkter situativer Interaktionen und ihrer primären

---

69 Ich diskutiere diese Möglichkeit hier unabhängig von meinen Zweifeln daran, daß es generell die höhere *Verbindlichkeit* von Versprechungen und Verzeihungen ist, die zur Teilnahme an den Sendungen motivieren; vgl. oben S. 94 f.

Koordinationsformen – dürfte stark genug sein, um den »Angriff« parasitärer Verfahren der Interaktion zu überstehen.

Auch das, was vor allem Günther Anders als Gefahr an die Wand gemalt hat, dürfte so drohend nicht sein: daß die Aktionen im Fernsehen mehr und mehr zur Norm der Aktionen in Alltag und Festtag werden, daß die medial inszenierten Handlungen auf Dauer als der eigentliche, wahre Vollzug der betreffenden Handlungen angesehen wird, daß somit die Wirklichkeit zu einer »Reproduktion ihrer Reproduktionen« werde. Der Blumenstrauß, mit dem im Fernsehen um Verzeihung gebeten wird, war auch schon vorher ein recht gängiges Modell. Hochzeitssendungen mögen zur Renaissance des Brautkleids beitragen, aber zum einen greifen sie diese Wiederkehr ihrerseits erst einmal auf (um sie dann gehörig zu verstärken), zum andern ist das Bedürfnis nach Zeremonienmeisterinnen und -meistern nicht so verbreitet, daß nun alle das Bedürfnis hätten, bei ihren Feiern unter der Regie professioneller Arrangeure zu stehen. Das Fernsehen selbst hat die legere Existenzform des modernen Individuums so gefeiert, daß es dessen Verhaltensweisen nicht nach Belieben mal in diese, mal in jene Form gießen kann. Auch sind die in in Sendungen aller Art verbreiteten Verhaltensvorbilder so divers, daß eine Beherrschung oder Überwältigung der internen Normativität des Alltagslebens beinahe ausgeschlossen erscheint. Müssen doch die für jeweilige Individuen und Gemeinschaften verbindlichen Modelle der Lebensführung wiederum im Alltag aus der Fülle der Angebote ausgewählt und herausgebildet werden. Daß »die Medien« dabei einen großen Einfluß haben, ist unbestreitbar; daß die von bestimmten Sendungen propagierten Verhaltensmodelle das Verhalten der ihrer Konsumenten determinieren könnten, ist dagegen unwahrscheinlich.

Dennoch können die Inszenierungen des Realitätsfernsehens eine Macht gewinnen, die die alltägliche Orientierungsfähigkeit unterhöhlt. Alle diese Sendungen schaffen Formen, kraft derer die Menschen in ihrer Alltäglichkeit aus ihrem Alltag herausgehen, ihn überschreiten oder ihn überhöhen können. Auf diesem

Weg stellen sie Formen bereit für die Lösung privater Nöte oder die Erfüllung privater Wünsche; die alltäglichen Verhaltensweisen – des Bekenntnisses, des Verzeihens, der Liebeserklärung, aber auch des Festefeierns – erhalten einen artifiziellen Rahmen, in dem die private Existenz ausgestellt, dargestellt, intensiviert oder korrigiert werden kann. Diese Formen präsentieren sich als zurückhaltende Formen mit dem Anspruch, den Akteuren nichts abzuverlangen als das, was diese selbst wollen: ein schöneres, wahreres und besseres Leben.

Das ist nicht immer ganz harmlos – wie an dem Beispiel jener Frau zu sehen war, die sich in der Sendung »Nur die Liebe zählt« unter dem Druck des Gatten und des medialen Arrangements zu einer »Lösung« ihrer Ehekrise bereitfand oder sich in eine solche fügte, die sie selbst kaum wollen konnte. Die Regie der Sendung läßt hier eine Prozedur wirksam werden, ohne Rücksicht darauf, was sie im einzelnen bewirkt. Auf diese Neutralität sind die Lebenshilfeshows stolz auch dann, wenn sich merkwürdige Resultate ergeben. Nur darauf wird geschaut, ob die Form ihren Dienst getan hat, ob das gewünschte Resultat eingetreten, das Verstehen oder die Versöhnung erreicht ist. Worin die Einigung besteht, ist gleichgültig. Das muß auch so sein, denn zu den Prämissen dieser Sendungen gehört, daß im Grunde alles in Ordnung ist und alle in Ordnung sind: Ich bin o. k., du bist o. k.: und falls das nicht alle bemerkt haben, so werden wirs richten – auch dann, wenn die Verzeihung einmal nicht zustande kommt oder die Frau ihren reumütigen Freund einmal nicht zurückhaben will. In dieser Suggestion, daß in der Form der Sendungen für alles gesorgt sei, gewinnt das Fernsehen eine verdeckte Autorität gegenüber denen, die sich mit ihren Wünschen und Nöten an es wenden. In Gestalt der Moderatorinnen und Moderatoren tritt es in die Rolle eines Schiedsrichters bei privaten Konflikten ein, eines Richters freilich, der letztlich allen Recht gibt, weil er keine Überzeugung hat und auch keine haben darf, da es die Prozedur der Sendung ist, die alles zum Rechten richtet. Moderator und Moderatorin haben für alles Verständnis und lassen der Sache ihren Lauf. Die inhaltlichen Urteile fallen längst vor der Sendung, in den Redaktionsräumen, bei der Auswahl der »Kandidaten«. In den Sendungen selbst wird die Kommunion des Allesverstehens zelebriert, die jeder auch noch so schrägen »Lösung« ihren Segen gibt. Insofern lauert in den konsequenten Realitätsshows ein Stück harter Autorität gerade in der Bereitstellung weicher, informeller Formen für die öffentliche Bewältigung persönlicher Krisen. Die Soße des Allesverstehens, die über alles und alle gegossen wird, kann hier von Fall zu Fall zum Zement der Verhärtung individuellen Unglücks und repressiver Sozialformen werden.

Die alten Glaubensautoritäten werden im Fernsehen durch neue ersetzt, denen man ihre Macht und Autorität gar nicht ansieht: Adorno und alle Nachfolger haben einen Mechanismus durchschaut, der die Fernsehunterhaltung auch heute noch und gerade in den neuen Sendeformen immer wieder hier und da prägt. Allerdings: immer wieder, hier und da: nicht generell. Dieser Mechanismus beherrscht beileibe nicht alle Sendeformen und setzt sich auch in Sendungen wie »Verzeih mir« oder »Nur die Liebe zählt« »nur« *immer wieder* durch. Die Feier des Menschen-in-seiner-Normalität, die durch das Ensemble der mit den beschriebenen informellen Formen arbeitenden Sendungen Tag für Tag abgehalten wird, ist nicht als solche repressiv; sie ist nur nicht dagegen gefeit, es immer wieder zu sein. Sie macht sich dann blind dafür, daß es etwas anderes gibt als das Normale; daß es Lebensverhältnisse gibt, die nicht durch einen Eingriff des Mediums normalisiert werden können; daß die Macht des Verstehens und Zuhörens und Redenlassens nicht jener Zauber ist, der, wäre nur in den Sendungen Platz genug für alle, alles auch zum Guten wenden würde.

Den apokalyptischen Kulturkritikern ist ebenfalls entgangen, daß manche Formen der Fernsehunterhaltung durchaus auch einmal zu einer Aufwertung lebensweltlicher Orientierungen beitragen können. Zwar können sie dies nicht auf direktem Weg, etwa indem sie dem Leben Mechanismen – Wohnwagen, Blumensträuße, Videoclips, bezahlte Mittler, usw. – bereitstellen, mit denen dieses besser bewältigt werden kann. In der einfachen Übertragung medial erfolgreicher Stilelemente kann eine solche Aufwertung oder Bereicherung nicht liegen. Der produktive Beitrag der Realityshows kann sich nur auf indirektem Weg ergeben, etwa dadurch, daß ein Sinn für Ironie, Doppelbödigkeit, Spontaneität, Abweichung, Ernst im medialen Unernst, Unernst im medialen Ernst erzeugt und wachgehalten wird, mit dem auch der Ernst und der Unernst des täglichen Lebens – je nach Lage – bestärkt oder geschwächt werden kann. In den lichten Momenten von »Verstehen Sie Spaß?« und anderen Shows gibt es das: Da wird im Fernsehen die Form gebrochen, in der innerhalb und außerhalb des Fernsehens der menschliche Umgang festgefahren ist; da wird im Fernsehen den Formen mitgespielt, an deren Normalität wir uns innerhalb und außerhalb des Fernsehens gewöhnt haben; da wird im Fernsehen ein Spielraum gewonnen gegenüber den Formen, die wir für verbindlich halten, die aber bloß die üblichen sind.[70] In diesen Zügen schafft das Fernsehen einen Spielraum nicht nur zu den Botschaften, die es verkündet (so viele sind es ja nicht), sondern auch zu den Formen, in denen es unterhält – einen Spielraum, der auch die nicht an der »Aktion« der Sendung beteiligten Betrachter zu Mitspielern macht. Eher beengend hingegen wirkt es dort, wo es diesen Spielraum nimmt, wo es sich in der Macht seiner vermeintlich definitiven Formen sonnt. Das Fernsehen als solches aber tut weder das eine noch das andere. Nicht anders steht es mit Unterhaltungssendungen als solchen, seien sie einem Realitätsprinzip verschrieben oder nicht. Wie ihre Wirkung aussieht, ob sie ihren Betrachtern ein Stück existentiellen Spielraums geben oder ihnen ein Stück dieses Spielraums nehmen, hängt von dem individuellen und sozialen Gebrauch dieser Sendungen ebenso ab wie davon, wie einzelne Sendeformen diesen Gebrauch präfigurieren, ohne ihn je determinieren zu können.

70 Vgl. auch die Bemerkungen zu Hella von Sinnen in A. Keppler/M. Seel, Zwischen Vereinnahmung und Distanzierung, a.a.O., S. 884.

2. Nachtrag über das Zapping

Zum Schluß möchte ich einen Einwand zu Wort kommen lassen, der gegen meine ganze Interpretation der neuen Verhältnisse im Unterhaltungsfernsehen gerichtet werden könnte: Sie gehe an den neuen Verhältnissen des Fernsehens völlig vorbei. Diese seien gewiß auch durch neue Sendeformen bezeichnet, deren Gewicht und Bedeutung aber werde bei weitem überschätzt. Die neuen Verhältnisse, das sei vielmehr die ständig sich mehrende Zahl der Sender und der Gebrauch der Fernbedienung, mit denen der Betrachter sich beinah unaufhörlich zwischen diversen Sendern und ihren Programmen bewege. Im Zuge dieses Einwandes könnten auch die Theoretiker des Medienzeitalters noch einmal Oberwasser bekommen: Hier sei die medial induzierte, epochale Identitäts- und Bewußtseinsveränderung im Gange, die das Denken in Kategorien der hergebrachten »Lebenswelt« so hoffnungslos veraltet erscheinen lasse. Hier werde eine Diversität des Wahrnehmens eingeübt, die die heutige oder baldige Wirklichkeit durchgehend präge, so sehr, daß die Differenz zwischen Wirklichkeit und »Medienwirklichkeit« mehr und mehr hinfällig werde.

Um des Arguments willen möchte ich annehmen, daß diese Form der Fernsehwahrnehmung in der Tat bereits die dominierende ist – auch bei denen, die nicht allein, sondern zu mehreren vor dem Fernseher sitzen. Aber auch wenn man von diesem für den Einwand günstigsten Fall ausgeht, erweist er sich als schwach. Zum einen deshalb, weil die veränderte Fernsehpraxis in den Sendungen, von denen die Rede war, längst berücksichtigt ist. Alle diese Sendungen sind formal offen in dem Sinn, daß sie aus stereotyp aneinandergereihten Sequenzen bestehen, so daß auch die sich leicht orientieren können, die zwischendurch – über die Unterbrechungen durch die Werbung hinaus – etwas anderes sehen oder machen. Hat man sich einmal mit dem Schema der Sendung vertraut gemacht, weiß man immer, wo man ist. Man ist

so auch nicht der Sendung im ganzen ausgeliefert; wo es langwei-
lig oder gar zu peinlich wird, kann man sich anderswo umsehen,
bis der voraussehbare Fortgang wieder etwas Besseres bringt.

Auch das, was ich mit einer verfremdenden Anleihe bei Gadamer »Kommunion des (televisionären) Dabeiseins« genannt
habe, ist keineswegs nur im Verweilen bei einundderselben Sendung möglich. Der Zuschauer weiß ja, daß alle gesendeten Beiträge von einem größeren Publikum gesehen werden, in das er
sich jedesmal neu einreiht, wenn er denn das Programm wech-
selt.[71] Die Variationen dieses Wechsels sind dem einzelnen Betrachter überlassen und sind Zeichen seiner Vorliebe für diese
oder jene Sendungen, bzw. diesen oder jenen Aspekt seiner be-
vorzugten Sendungen. Zum Beispiel hätte jemand (durch ständi-
gen Wechsel oder auf einem geteilten Bildschirm) gleichzeitig
»Wetten daß?« und »Verzeih mir« anschauen können, wären sie
nur am gleichen Tag ausgestrahlt worden. Er hätte am nächsten
Tag mit gewissen Kompetenzlücken über beide Sendungen sprechen können und vielleicht über andere mehr. Er wäre dann nicht
nur im Verstehenstaumel von »Verzeih mir« dabeigewesen, sondern hätte sich auch an den virtuosen Albernheiten der abwegi-
gen Wetten erfreut. Er wäre in der Vielfalt dessen »unterwegs«
gewesen, was an jenem Abend im Fernsehen passierte: und hätte
dieses Unterwegssein mit vielen anderen geteilt, die ebenfalls,
wenn auch auf ihren eigenen Routen, »dabei« gewesen wären. –
Der Flaneur zwischen verschiedenen Fernsehwelten kann das im
Kap. III beschriebene Spiel von Identifikation und Distanzierung so zugleich *im Verfolgen* einzelner Sendungen als auch *gegenüber* den Sendungen betreiben, bei denen er kurz oder länger
verweilt. Dabei läßt er sich immer wieder über den Rand der
Sendungen hinaustreiben, wie dies in der Struktur vieler heutiger
Sendungen längst angelegt ist.

Deswegen ist der Zugriff zur Fernbedienung kein so prinzi-

71 Es ist für alles Fernsehen konstitutiv, etwas zu sehen, das zugleich viele andere sehen.

pieller Schritt, wie es auf den ersten Blick erscheinen mag. Die Sendungen nämlich sind selbst schon so, daß sie den Sprung in andere Sendungen erlauben. Entsprechend ist die Machart der Sendungen nicht länger darauf angelegt, daß man an ihnen hängenbleibt, sondern vielmehr, daß man immer wieder zu ihnen zurückkommt, um zu sehen, wie die Dinge sich entwickelt haben. Das Prinzipielle, das die Propheten des Medienzeitalters so verzweifelt im Neuen suchen, liegt ganz woanders – in einer ebenso bekannten wie banalen Differenz, die sich freilich immer wieder neu bemerkbar macht. Wir können uns in den Situationen unserer Lebenswelt nicht so bewegen wie in den »Situationen« und Stationen eines Fernsehens mit 30 oder 100 Kanälen. Die neuen Realitäten des Fernsehens heben diesen alten Unterschied nur um so deutlicher hervor: Solange wir fernsehen, sitzen wir fest, wie sehr wir dabei auch durch die Kanäle tanzen. Die Unmöglichkeit einer Vermischung der beiden Welten war drastischer nie zu spüren. [72] Das Bild von der Höhle, in der wir gefangen sind, wenn wir so festsitzen, hält paradoxerweise genau dies fest: daß wir nicht gefangen sind, solange wir immer wieder zwischen unserer Situation und den Bildern unterscheiden können, denen wir in dieser Situation ausgesetzt sind. Gerade die, die uns sagen, eigentlich könnten wir dies nicht mehr unterscheiden, müssen für sich selbst in Anspruch nehmen, den Unterschied zu kennen – denn andernfalls ließe sich sein Verschwinden nicht ernsthaft behaupten. Wer aber wollte wirklich behaupten, der eigene Fernsehkonsum unterscheide sich prinzipiell von dem aller anderen?

72 Selbst wenn es zu den Verheißungen von Cyberspace kommen sollte – selbst wenn die Realität des virtuellen Raums so verheißend wäre, wie uns versprochen wird – wäre das nicht anders: Die Erfahrung, leiblich zu einer Zeit nur an einem Ort sein zu können, werden wir dort vielleicht nachhaltiger machen als jemals zuvor.

ZeitSchriften

Die neue Taschenbuch - Reihe

  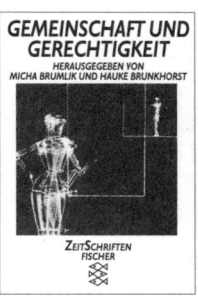

Farideh
Akashe-Böhme
**Frausein -
Fremdsein**
Band 11732

Sadik J. Al-Azm
**Unbehagen in
der Moderne**
Aufklärung
im Islam
Band 11578

Zygmunt Bauman
**Tod, Unsterblich-
keit und andere
Lebensstrategien**
Band 12326

Seyla Benhabib/
Judith Butler/
Drucilla Cornell/
Nancy Fraser
**Der Streit
um Differenz**
Feminismus und
Postmoderne in
der Gegenwart
Band 11810

Herausgegeben von
Jessica Benjamin
**Unbestimmte
Grenzen**
Beiträge zur
Psychoanalyse
der Geschlechter
Band 11954

G. Brandstetter
Tanz-Lektüren
Körperbilder und
Raumfiguren
der Avantgarde
Band 12396

Micha Brumlik
**Schrift, Wort
und Ikone**
Wege aus dem
Verbot der Bilder
Band 12257

Herausgegeben von
Micha Brumlik/
Hauke Brunkhorst
**Gemeinschaft und
Gerechtigkeit**
Band 11724

Fischer Taschenbuch Verlag

ZEITSCHRIFTEN

Die neue Taschenbuch - Reihe

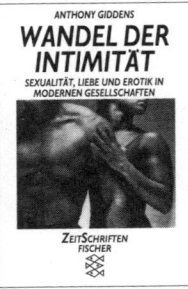

Hauke Brunkhorst
**Demokratie
und Differenz**
Egalitärer
Individualismus
Band 11731

Jacques Derrida
Marx' Gespenster
Band 12380

Alexander
Garcia Düttmann
Uneins mit Aids
Wie über einen
Virus nachgedacht
und geredet wird
Band 11577

George P. Fletcher
Loyalität
Über die Moral
von Beziehungen
Band 11953

Herausgegeben von
G. Frankenberg
**Auf der Suche
nach der gerechten
Gesellschaft**
Band 12035

Anthony Giddens
**Wandel
der Intimität**
Sexualität, Liebe und
Erotik in modernen
Gesellschaften
Band 11833

Axel Honneth
Desintegration
Bruchstück einer
soziologischen
Zeitdiagnose
Band 12347

Herausgegeben von
Lynn Hunt
**Die Erfindung
der Pornographie**
Obszönität und
die Ursprünge
der Moderne
Band 12479

Gesa Lindemann
**Das paradoxe
Geschlecht**
Transsexualität
im Spannungsfeld
von Körper, Leib
und Gefühl
Band 11734

Catharine
A. MacKinnon
Nur Worte
Band 12478

Fischer Taschenbuch Verlag

fi 1401 / 5 b

ZeitSchriften

Die neue Taschenbuch - Reihe

Herausgegeben von
H. Nagl-Docekal/
H. Pauer-Studer
**Jenseits der
Geschlechtermoral**
Beiträge zur femi-
nistischen Ethik
Band 11630

Sighard Neckel
**Die Macht der
Unterscheidung**
Beutezüge durch
den modernen
Alltag
Band 11730

Harry Nutt
Chance und Glück
Erkundungen
zum Glückspiel
in Deutschland
Band 12390

Herausgegeben von
Gabriele Rippl
**Unbeschreiblich
weiblich**
Zur feministischen
Anthropologie
Band 11797

Avital Ronell
Drogenkriege
Band 12060

Richard Shusterman
Kunst Leben
Die Ästhetik des
Pragmatismus
Band 12256

Barbara Vinken
**Mode nach
der Mode**
Kleid und Geist
am Ende des
20. Jahrhunderts
Band 11596

Herausgegeben von
L. Weissberg
**Weiblichkeit
als Maskerade**
Band 11850

Fischer Taschenbuch Verlag

fi 1401 / 2 c

Fischer Wissenschaft

Eine Auswahl

Fischer Taschenbuch Verlag

fi 406 / 13 a

Fischer Wissenschaft

Eine Auswahl

Fischer Taschenbuch Verlag

»Es ist klar, daß die Ingenieure und nicht die Poeten die heimlichen Gesetzgeber unserer Zeit sind... Aber ohne das Gegengewicht einer starken Opposition ist die Tyrannei der Technik unausweichlich.«

Neil Postman

Das Technopol
Die Macht der Technologien und die
Entmündigung der Gesellschaft
Aus dem Amerikanischen von Reinhard Kaiser
221 Seiten. Broschur. S. Fischer Verlag

Das Verschwinden der Kindheit
Aus dem Amerikanischen von Reinhard Kaiser
191 Seiten. Broschur. S. Fischer Verlag
und als Band 3855

Die Verweigerung der Hörigkeit
Lauter Einsprüche
Aus dem Amerikanischen von Reinhard Kaiser
200 Seiten. Broschur. S. Fischer Verlag

Wir amüsieren uns zu Tode
Urteilsbildung im Zeitalter der Unterhaltungsindustrie
Aus dem Amerikanischen von Reinhard Kaiser
207 Seiten. Broschur. S. Fischer Verlag
und als Band 4285

S. Fischer